Galsan
Tschinag

Tau und Gras

Zu diesem Buch

Galsan Tschinag erzählt hier die Geschichten, die der Stoff seiner Kindheit sind und die sich in seine Erinnerung eingegraben haben. Geschichten von seiner weit verzweigten Familie, von Festen, Heimsuchungen, Krieg und Liebe. Geträumte Wirklichkeit und als Realität erlebte Märchen verbinden sich und münden in einen Gesang an den Altai.

»Tschinag schreibt auf Deutsch, weil er lange hier gelebt hat, und sein Deutsch ist gewissermaßen reiner als unseres, vom übermäßigen Gebrauch abgenutztes.« *Ulrich Greiner, Die Zeit*

»Nur wenige Autoren haben die Gabe, den Leser so tief in ferne Kindheiten eintauchen zu lassen.«
Marc-André Podgornik, Neue Ruhr Zeitung

Der Autor

Galsan Tschinag, 1943 in der Westmongolei geboren, ist Stammesoberhaupt der turksprachigen Tuwa. Er lebt den größeren Teil des Jahres in der Landeshauptstadt Ulaanbaatar und verbringt die restlichen Monate abwechselnd als Nomade in seiner Sippe im Altai und auf Lesereisen im Ausland. Seine Romane, Erzählungen und Gedichte schreibt er meist auf Deutsch. 1992 erhielt Galsan Tschinag den Adelbert-von-Chamisso-Preis und 2001 den Heimito-von-Doderer-Preis. 2002 wurde ihm das Bundesverdienstkreuz verliehen.

Im Unionsverlag sind außerdem lieferbar: »Das Ende des Liedes«, »Die Karawane«, »Der Wolf und die Hündin« sowie »Im Land der zornigen Winde« (mit Amélie Schenk).

Galsan Tschinag

Tau und Gras

Unionsverlag
Zürich

Diese Erinnerungen an seine Jugend schrieb Galsan Tschinag,
begleitend zu seiner schriftstellerischen Arbeit an den Romanen,
während der letzten zwanzig Jahre.
Einige erschienen in *Eine tuwinische Geschichte*
(Verlag Volk und Welt, Berlin 1981),
die anderen werden in der vorliegenden, 2002 im
Unionsverlag erschienen Ausgabe erstmals veröffentlicht.

Im Internet
Aktuelle Informationen,
Dokumente, Materialien
www.unionsverlag.com

Unionsverlag Taschenbuch 285
© by Galsan Tschinag 2002
© by Unionsverlag 2004
Rieterstrasse 18, CH-8027 Zürich
Telefon +41 1 281 14 00, Fax +41 1 281 14 40
mail@unionsverlag.ch
Alle Rechte vorbehalten
Umschlagkonzept: Heinz Unternährer, Zürich
Umschlagfoto: Amélie Schenk
Druck und Bindung: Clausen & Bosse, Leck
ISBN 3-293-20285-3

Die äußeren Zahlen geben die aktuelle Auflage
und deren Erscheinungsjahr an:
1 2 3 4 5 - 07 06 05 04

Inhalt

Heimkehr 7
Ei 9
Meine Ankunft 10
Meine erste Bestrafung 12
Jüngstling 14
Der Felsgeist 17
Jener Sommer 21
Hara Höl 25
Pflicht 29
Eine salzige Geschichte 31
Vater 35
Das fahrerlose Auto in der Steppe 37
Das Märchen vom unansehnlichen Bengel 40
Schwäne 45
Das Ende des Bruders Rappe 48
Vaters Schnauzbart 51
Mein Onkel S. 53
Der vierzehnte Griff beim Ringen 62
Gipfel 64
Es war, es ist 67
Fischfleisch 68
Eins mit der Technik 71
Wie wir unseren Lehrer erzogen 76
Das Abschlussspiel 78
Das große Schaf 82
Das Märchen von der Schneesturmnacht 85
Der Mann mit dem eigenen Stern 93
Die Tamyr 99
Der Überzieher 108
Das Hasenfleisch 112
Vaters Heimgang 114
Zwiegespräch mit den Gegangenen 118
Ode auf den Altai 135

Heimkehr

Du warst der Jungvogel, der das Nest verließ, kaum dich die Flügel trugen. Und entlang der Uferhaine deiner Flugstraßen waren so viele Lenze verwelkt, dass mittlerweile eine schier unüberwindbare Wüste veräscherten Zeitlaubs zwischen deinem Höhenflug nun und dem Nestchen von einst liegt, in welches du fielest, Ei.

Der Faden, den du den welken Jahren entspinnen musstest, war so lang geworden, dass sich deinem Gedächtnis vieles abzufasern drohte, so auch die Züge der Muttergestalt. Was du in dir noch wach-frech gegen den Zeitstaub herauskehrtest, war: Sie beugte sich über dich, wenn sie dich zum Abschied beroch.

Wenn die Zeit geht und die Stunde kommt, tragen die ausgewachsenen Flügel das Kind zur Mutter zurück. Eine kleine Greisin eilt dir entgegen. Die Beine vermögen ihrem Willen nicht mehr zu gehorchen, mit dem letzten Schritt stolpert sie und fällt dir in die Arme. Der zittrige, dürre Körper schmiegt sich aufgebend an dich. Und du musst dich über das schneeweiße Köpfchen beugen, um dich von der Mutter zur Begrüßung beriechen zu lassen. Sie tut es auch, beriecht und beküsst dich, benässt dir die Wangen mit Freudentränen. Dabei strömen ihr Dankessprüche aus dem Mund. Sie gelten den heiligen Geistern der Heimat, die ihr das Kind in der Ferne so lange beschützt haben, auf dass es nun wohl erhalten zurückgekommen ist. An der Stimme erkennst du die Mutter wieder. Sie ist dir geblieben.

Dann löst sie sich von dir und beginnt dich zu betrachten. In dem Blick hinter den nassen Wimpern der Mutter erkennst du dich erst: den roten Hirschbullen des Waldes und den braunen Adler des Felsens.

Du nimmst das Bild wahr, es schwindelt dir; du suchst Halt an der zittrigen, dürren Gestalt. Und sie gibt ihn dir auch, denn du spürst, jetzt steht sie fest.

So führt sie dich denn auch an der Hand auf die Jurte nebenan zu, die dir ebenso wie ihre Bewohnerin gealtert und geschrumpft vorkommt. Allein die Mutter macht eine so erlöste und stolze Geste, die scheint deine Wahrnehmung verwischen zu wollen: Hier nun unser Nest, tritt ein, Kind ...

O Mutter, wüsste sie, was ihr von ihrem Jungen überhaupt noch geblieben ist!

Ei

Ein Ei finde ich in der Steppe. Ich weiß nicht, welchem Vogel es gehört. So weiß ich nicht, ob ich einen seltenen Fund gemacht habe oder einen ohne weiteren Wert. Vielleicht aber ist ein jedes Ei in der kahlen, kühlen Steppe eine Seltenheit und somit hat es immer seinen Wert?

Auch weiß ich nicht, wie alt das Ei ist. Nicht einmal weiß ich, ob es seine Farbe, Form und Größe überhaupt noch ändert in der Zeit, in der es da draußen liegt. Also weiß ich auch nicht, ob es einem Vogelzwerg oder einem Vogelriesen gehört.

Möglich, ich werde dabei sein, wenn es aufgeht. Dann werde ich erfahren, um was für ein Geschöpf die Steppe reicher wird. Ebenso möglich jedoch, ich werde es nie erfahren, weil ich nicht dazukommen werde, es wieder aufzusuchen oder einfach, weil da nichts herauskommen wird – ein Ei kann taub sein oder verfault.

Oft komme ich mir selber wie ein Ei vor. Ein Ei, das darauf wartet, ausgebrütet zu werden. Noch weiß die Welt nicht, was aus mir wird. Wie sollte sie es auch, wo nicht einmal ich selber es weiß! Aber Ungeduld umlagert mich. Und Vermutungen gibt es. Ich vernehme Stimmen, die zu wissen glauben, dass aus mir etwas wird. Ebenso höre ich welche, die das Gegenteil behaupten. Unter diesen letzteren heben sich die einiger Steifkragen und Fettwänste besonders hervor, denen ich in der Rangordnung allerdings nur gewöhnliche Plätze einräume, denn, so glaube ich, jede Meinung ist nur eine Meinung.

Ja, wohl muss ich ein Ei sein, das darauf wartet, ausgebrütet zu werden.

Meine Ankunft

Zwei Jahre vor meiner Ankunft im Leben hat Mutter Zwillinge geboren. Die beiden älteren Geschwister waren damals zwei und vier Jahre alt. Sie waren also schon in der Lage, sich über das Auftauchen von den Brüderchen zu erfreuen. Allein die Freude dauerte nicht lange, denn nach zehn Tagen brachen die Frischlinge ihr Dasein ab, beide zur gleichen Stunde. Eine Russin, Sowjetmensch und dazu noch auch Doktor genannt, hatte vorher hereingeschaut und durch einen Dolmetscher die Hochschwangere ausgeschimpft, weshalb sie denn zögerte mit der Niederkunft, die Frucht sei überreif und auf dem Wege nun, im Mutterleib zu altern. Darauf hatte man sie mit Arzneien gefüttert, auf dass diese die träge Frucht hinaustrieben, was auch geschah – nur, anstatt des angenommenen Überreifen fielen zwei unreife, an der ganzen Haut verknitterte und behaarte Jüngchen ab. Aber sie hingen nur noch zehn Tage am Leben.

Und nachdem der Lebensfaden abgerissen war, haben die Eltern, wie immer in solchen Fällen, den Kindern erzählt, die Brüderchen seien ins Salz gegangen und würden bald wieder zurückkehren. Somit war Anlass gegeben zu einer endlosen Fragerei, auf die keiner eine Antwort wusste, bis die Mutter wieder in guter Hoffnung war. Ab da konnte man den längst ungeduldig gewordenen Kindern die ungefähre Länge der noch verbleibenden Frist nennen. Und als es so weit war, stürzten sich die beiden jedes Mal aus der Jurte hinaus, sobald der Hund bellte, und schauten voller Ungeduld auf den Nordsattel, über den der Weg herführte. Darauf waren sie enttäuscht, gleich, ob jemand von dorther kam oder nicht, denn es war ja nicht das, was sie erwarteten. Und wenn jemand kam, rannten sie ihm trotzdem entgegen und fragten ihn aus, ob dieser unterwegs doch nicht ihre Brüderchen gesehen hätte, die mit Salz auf dem Heimweg wären.

An einem frühen Morgen im Spätwinter war ich dann angekommen, und mein erstes Schreckensgeschrei muss die Geschwister aus dem Schlaf gerissen haben. Die Schwester, die Ältere von den beiden, hatte mich zuerst entdeckt und den Vater gefragt, wem das da wäre. Der Vater, der genug zu tun hatte und außerdem annahm, das andere Kind würde noch schlafen, hatte ihr erwidert, damit sie ihn nicht weiter störte: »Dir natürlich.« In dem Augenblick aber meldete sich der Bruder: »Hole meines auch schnell her!«

Es soll dann manche Tränen gegeben haben, da das Kind nicht glauben konnte, dass es unmöglich war, auch seines herbeizuschaffen, und andererseits die Schwester das ihre mit ihm nicht teilen wollte, unter Berufung auf den Vater.

Doch seit ich mich besinnen konnte, war ich immer beider Brüderchen und bin es wohl bis auf den heutigen Tag geblieben.

Meine erste Bestrafung

Zwei ältere Geschwister erwarteten mich, als ich im Leben ankam. Sie hätten mich am liebsten zweimal gehabt, wie vormals die Zwillinge, die aber bald wieder gehen mussten. Ich erschien nicht nur allein, sondern zudem mit einiger Verspätung. Ob die Last für zwei, die ich zu tragen hätte, wie das schamanische Orakel es vorhergesagt hatte, der Grund dafür gewesen ist, war noch nicht zu erkennen. Dafür schien die Freude, die meine Ankunft ausgelöst hatte, erst einmal groß genug. Doch musste ich ein hilfloses, denn auch langsames Wesen gewesen sein, gleich den Lämmern, die zeitgleich mit mir angekommen waren. So war ich immer noch glitschig und schwächlich, lag lallend in der Holzwiege, als die vierbeinigen Zeitgenossen längst dröhnend über die steinige Steppe jagten.

Und als ich endlich im Stande war, den Kopf anzuheben, durften mich die Geschwister auf den Schoß nehmen, abwechselnd: Sobald ich bei dem einen unruhig wurde und anfing zu quengeln, wurde ich dem anderen abgetreten. In dieser Zeit hörte mich einmal Mutter, die draußen gewerkt hatte, in der Jurte hell aufschreien, so, als wäre mir etwas zugestoßen. Sie eilte hinein und fand mich heil, aber grässlich schreiend auf dem Schoß der Schwester wieder, die ihrerseits arg verängstigt dasaß.

Erst viele Jahre später kam ans Licht, woher jenes plötzliche Geschrei gekommen war. Ich war für die Schwester einfach zu lange auf dem falschen Schoß sitzen geblieben; sie hatte gehofft, ich möchte endlich anfangen zu quengeln, sodass sie mich dem Bruder abnehmen dürfte. Und als sie mich dann endlich hatte, konnte sie den Groll nicht ablegen, den sie mir gegenüber empfunden hatte – und biss mich ins Ohr. Mutter konnte sich noch sehr gut an den Vorfall erinnern. Glaubte nun sogar eine blasse Narbe, die Spuren der Mäusezähne des Kindes, das meine Schwester war, sehen zu können. Dabei zeigte sie sich verwundert und beschämt darüber, dass sie ihr in all den Jahren nicht aufgefallen war.

Jüngstling

Die beiden Jungkraniche, die man schon als Eier gekannt hat, wuchsen heran, und ich wusste, dass bald auch bei uns jemand ankommen und aufwachsen würde. Ich war wohl so um die vier Jahre alt.

Morgens und abends wurde es immer kühler, und eines Nachts hatte es geschneit. Da wusste man, dass der Sommer zu Ende und die Zeit des Umzuges gekommen war. Ein oder zwei Tage darauf tauchten an den Jurten überall Kamele auf. An der unserigen standen sechs.

Den nächsten Morgen wurde ich aus dem Schlaf gerissen, und ich spürte kühlen Wind an der Haut, sah einen dämmerigen Himmel über mir und hörte hastende, lärmende Menschen ringsum. Ich erhob mich sogleich und schlüpfte in aller Eile in meine Sachen. Und während ich mich erleichtern ging, sah ich, was los war: Die Jurten waren überall abgebaut, lagen in Bündel und Packen bereits; die ersten Kamele wurden beladen; die Pferde standen längst gesattelt; die Schafherde war weg, war schon auf den Weg gegangen; die Yakkühe wurden gerade gemolken.

Als sich die beladenen Kamele erhoben, den Nasenstrick des einen hinter die Fuhre des anderen lose eingesteckt, und der Treck sich in Bewegung setzte, war die Sonne noch nicht aufgegangen. Ich war noch zu klein, um allein reiten zu dürfen auf den Umzugsstrecken mit manch rutschigen Abhängen und steilen Pässen und auch angesichts der Gefahr, dieses oder jenes der Lasttiere könnte durchgehen und die anderen scheu machen. So kam ich immer zu einem Erwachsenen und teilte mit ihm den Sattel. An dem Tage wollte Mutter, dass ich zu ihr käme. Aber ich wollte unbedingt zu Vater. Und dies aus einer bestimmten Überlegung: Bei ihr, die den Treck anführte, musste man die ganze Zeit nur Schritt reiten; bei ihm, der die Yakherde trieb, konnte man dagegen alles Mögliche erleben, da einige Tiere sich zu fremden Herden gesellten oder andere gar zurückliefen. Da es nun so weit war, wollte mich Mutter zu sich nehmen, doch ich ließ den Kopf über die linke Schulter hängen, wie immer in solchen Fällen, um die anderen merken zu lassen, wie unwillig ich sei und drauf und dran war zu greinen. Man erkannte dies rechtzeitig und gab meinem Willen nach, da man beim Umzug keine Tränen sehen wollte.

Wir erreichten das Ziel nicht. Wie enttäuscht war ich, als unsere sechs Kamele abfielen, während der ganze Treck weiterzog. Zu uns stieß eine alte Frau, die keinen eigenen Herd hatte und von Jurte zu Jurte zog. Mutter wurde wehleidig und mühselig vom Sattel heruntergeholt und blieb liegen. Ein paar Gitterwände wurden um sie herum aufgestellt, und einige Filzdecken wurden darüber geworfen. Während ich versuchte, so weit meine Kräfte reichten, da und dort mit anzupacken, hörte ich Mutters weinerliche Stimme: »Habe ich doch den Bengel vor mich nehmen wollen als Polster gegen den spitzen Sattelknauf!« Dem folgte die fremde, tadelnde Stimme, die Vater galt, hatte er doch das feurige Pferd ausgerechnet für die Hochschwangere gesattelt.

In der Nacht darauf kam das Kind, ein Junge – tot. Als ich erwachte, war helllichter Tag, alles war längst vorüber. Doch bekam ich nach und nach alles mit. Bitter enttäuscht stand ich da! Und welches vernichtende Schuldgefühl überkam mich dabei!

Ja, ich, das dumme, ahnungslose Wesen von einem vierjährigen Kind, empfand den galligen Geschmack des Lebens so deutlich mit einem Mal, dass es mir auch heute noch, Jahrzehnte später, übel wird, wenn ich mich an jenen Herbsttag inmitten der Bergödnis und der von Trauer verstummten Menschen erinnere. Dabei komme ich mir schuldig vor am voreiligen, unzeitgemäßen Fortgang eines Ankömmlings, ja, wie ein Brudermörder, dies wohl besonders, da es sich dort um unseren Jüngsten gehandelt hat und ich nun seine Stelle, eben eine besondere mit manchem Vorrecht, einnehmen durfte. In solchen Augenblicken bitte ich jenen in Gedanken um Vergebung und nenne ihn zärtlich Brüderchen Jüngstling.

Und doch: Weder einer der Menschen noch das Reittier konnte freilich etwas dafür; einzig das harte Nomadenleben war es, dessen Schönheit sich manchmal so grausam rächte. Allein ich kann das Gewissen mit Überlegungen solcher Art nicht zur Ruhe zwingen. So scheint es eine Last zu sein, die ich eben bis zu meinem Ende zu tragen habe.

Manchmal jedoch hilft es, ernüchtert. Zumal der jetzige Alltag in einer nun anderen Zeit und anderen Welt auf einem immer schwerer zu lasten scheint und ich längst dabei bin, mich nach dem Verflossenen, dem lichten Morgen meines Lebens, krankzusehnen.

Der Felsgeist

Eines Tages führten Bruder Galkaan und ich den Hund Basar über eine aufgespannte Falle. Dies als Strafe, da er, seit langem ein guter Jäger, mit einem Mal faulenzte und uns keine Ziesel mehr fangen wollte. Wir wurden bei dem Unfug ertappt, und Mutter kam auf uns zu, mit einer Rute in der Hand.

Der Bruder lief auf den großen dunklen Felsen zu. Ich rannte in eine andere Richtung, da ich aus Erfahrung wusste, dass in solchen Fällen immer der Ältere die Schuld trug und nun verfolgt werden müsste. Zu meinem Entsetzen jedoch merkte ich wenig später, dass Mutter mir, wie man sagt, auf den Fersen war. Darauf wurde ich gefasst und musste viele Tränen lassen.

Indessen saß der Bruder vor dem Felsen und schien wohl seine Freude nicht verbergen zu wollen, darüber dass endlich einmal ich es war, der für unser gemeinsames Vergehen geradezustehen hatte. Als es dann Abend wurde, musste man ihn sogar herbitten, gegen die Versprechung, ihm würde nichts geschehen. Was mir seltsam vorkam. Und ich fragte den Bruder, wie das zuginge. Der Fels wäre heilig, wurde ich aufgeklärt, weil unter ihm die Heilquelle entsprang, und er hätte einen strengen Geist, den man nicht stören dürfte; Mutter wollte eben nicht, dass einer dort weinte und ihn erzürnte. Seitdem wusste ich: Drohte eine körperliche Züchtigung, brauchte man nur auf den heiligen Felsen zuzulaufen, und man wurde nicht weiterverfolgt.

Eines Tages hatte Vater seine Schnupftabaksflasche am Öffnungsrand angeschlagen vorgefunden. Der blank geschliffene Behälter aus Achat mit augenrunden und dunklen Flecken war wertvoll, muss man wissen, hatte seinerzeit drei junge Pferde gekostet. Groß war nun die Aufregung. Wir wurden vernommen. Als ich daran war, kicherte ich los. Weshalb, wusste ich selber nicht. Vielleicht war ich so übermütig zu denken, dass man mir auch dann nichts anhaben könnte, selbst wenn die Schuld mich getroffen hätte – ich wähnte mich wohl zu sicher vor möglichen Strafen im Schutz des heiligen Felsens. Also kicherte ich los und bekam darauf eine schallende Ohrfeige verpasst. Einen Augenblick stutzte ich, da der Schlag mich so unerwartet getroffen hatte. Im nächsten aber rannte ich aus der Jurte hinaus, denn mein Verstand hatte erfasst, welch gemeines Unrecht mir geschehen war. Ich konnte es nicht länger erdulden, wollte lieber von dem Felsgeist weggeholt werden.

Es war für die Eltern zu spät, als sie merkten, was ich tat: Ich war schon am Felsen angekommen und brüllte längst los, wieder und wieder: »Felsgeist! Felsgeist! Hol mich zu dir!« Und als mir einfiel, dass dies allein nicht ausreichen könnte, ihn zu erzürnen, stampfte ich mit den Füßen auf die Erde, bewarf den Felsen mit Steinen und spuckte sogar in die Heilquelle. Und brüllte und brüllte: »Erschau mich, erhör mich, wenn du nicht schon erblindet und ertaubt bist, du, blöder Geist!«

Unterdessen kam Vater schon bei mir angetrabt, außer sich, umklammerte mich, drückte mir mit einer Hand den Mund zu und jammerte mit tränenweicher Stimme: »Was hast du getan, mein Kindchen? Was hast du getan, mein Dummchen?« Und kaum sah und hörte und spürte ich ihn so, war aller Zorn dahin, wie weggeblasen, und es fing mir an, Leid zu tun, wie ich mich da soeben benommen hatte. Mich überkam die Angst, als mir bewusst wurde, ich könnte vom Felsgeist tatsächlich weggeholt werden. Und am Abend lag ich schon in Fieber.

Vater war ausgeritten, war unterwegs zu unserer Schamanin. Sie kamen spät in der Nacht an. Aber ich lag noch wach, wartete. Mutter und Geschwister bewachten mich, verängstigt und verstummt. Und als endlich der Wacholderrauch die Jurte füllte und wenig später der vertraute Gesang erklang, wurde mir wohler ums Herz, und als ich dann die prasselnden Schläge der Schawyd, der Schamanenpeitsche aus lauter Stoffstreifen, vernahm und um die Schultern flattern spürte, fing ich an zu weinen. Und meine Tränen schienen die Schamanin anzustecken, denn sie weinte auch. Oder sie hatte einen anderen Grund – denn ihre Geister kamen und kamen nicht, so sehr sie auch nach ihnen rief, bat und bettelte, endlich doch zu erscheinen. Am Ende wurde ihre Stimme ganz heiser. Die Angst, die jedermann ohnehin gepackt hatte, wuchs noch mehr. Aber dann, zu guter Letzt erschienen sie doch. Die Hockende, Rauchende und Bettelnde lachte mit einem Mal schallend auf, fuhr in die Höhe und wirbelte aus der Jurte. Man bekam mit: Sie entfernte sich und kam nach einer Weile zurück in die Jurte, wirbelte, einer Windhose gleich bis zum Bett, wo ich lag. Es waren gute Nachrichten, die jetzt hörbar wurden. Aber ich war indes unter dem Gesang, dem Geklirr und Geprassel, das mich umhüllte und über mich niederging, eingeschlafen.

Am nächsten Morgen rückten wir alle feierlich auf den heiligen Felsen zu. Wir trugen Opfergaben hin, vielerlei frische Milchspeisen auf Tellern und in Schalen, dampfenden Tee in einer Kanne, kalten Milchbranntwein in einer Flasche sowie verschiedenfarbige Stoffstreifen und trockene Wacholderbüschel. Mutter ging dem Zug voran und besprenkelte den ganzen Weg mit Milch, Vater trug mich in den Armen und die Geschwister folgten uns.

Als der Wacholder knisternd Feuer fing, zittrige blaue Rauchschwaden in den Himmel stiegen und das zweistimmige Gebet der Eltern von dem schroffen, dunkelroten Felsen zurückschallte, fing ich wieder an, heftig zu weinen. Und mehr noch – ich fiel auf die Knie, warf den Oberkörper nach vorne und lag, die Stirne auf die zusammengelegten Hände gepresst. Und sprach dabei: »Eeh, Ihr großer goldener Fels, vergebt mir dummem Kind mein Vergehen und lasst mich, ach bitte, bei meinen Eltern und meinen Geschwistern!«

Es mussten viel mehr Worte aus mir gekommen sein, denn die älteren Geschwister baten mich später einmal wie aus einem Mund, ich sollte die Führung übernehmen – sie könnten es nicht so gut. An ein anderes Mal, dass ich so gut gebetet hätte, konnte ich mich da nicht erinnern.

Ich musste mich nicht wieder hinlegen, das Fieber war weg. Ich blieb bis zum Abend auf den Beinen. Blieb bei den Meinigen, also am Leben. Viele Jahre hindurch fühlte ich mich dankbar verbunden mit dem Felsen, gleich, ob sich mein Körper in seiner Nähe oder weit weg davon befand, wusste mich ständig in seinem Windschutz und Lichtschein. Sein Geist schien mich, zusammen mit der Hand voll Heimaterde in dem länglichen blauen Beutel und dem Lichtschatten der Schamanin in einer glaspapiernen Hülle durch den Weltenraum und die Weltenzeit zu begleiten. Wobei ich den Beutel und das Bild nachts ablegen musste, und manchmal kam vor, ich vergaß sie irgendwo, wenn auch für nur kurz.

Mit dem Felsgeist konnte solches nimmer geschehen. Er war auf mich und mein kurzes, unzuverlässiges Gedächtnis nicht angewiesen. Und mit einem Mal wusste ich ihn in mir als Teil meiner Selbst, irgendwo am Zwerchfell, zwischen Herz und Niere sitzend, als Rechtfertigung und Begründung des Lebens, das ich lebe, und des Sterbens, das jenes abschließen wird.

Jener Sommer

Inmitten des nomadischen Sommers, der einem einzigen Festtag glich, war einmal doch eine Lücke entstanden – seit Tagen war nicht mehr gefestet worden: Keiner erblickte gerade das Weltlicht, keiner heiratete, keiner zog in die Ferne oder kam von dort zurück, das männliche Jungtier war schon beschnitten, fürs Filzwälzen war es noch zu zeitig im Jahr.

Die Männer im verdienten Alter und mit Ansehen, die durch die vorangegangenen Feste in Schwung gekommen waren, tranken trotzdem weiter, dies jedoch nur in der eigenen Jurte, jeder für sich. Nur machte diese Art Trinkerei auf die Dauer offensichtlich keinen Spaß mehr, denn die freudige Stimmung, die sonst gleich aufkam, sobald getrunken wurde, war nicht zu spüren. Außerdem war es anstrengend, einfach zu trinken ohne Gesang und auch ohne Fleisch, was sommers nur zu Festen zu haben war. Manch einem stand das Gesicht schon aufgedunsen, vor fehlender Hammelbrühe.

Inmitten dieses ungeselligen Alltags erscholl einmal eine aufgeregte männliche Stimme, die wir sogleich als die des Dshiiwi erkannten, zu dem wir Dshesdej sagten, da er der Ehemann der älteren Schwester unserer Mutter war. Nun sahen wir, dass dieser unser Dshesdej den Schafbock Godanak beidhändig am Hals gepackt hatte und aus der Mitte der Herde in Richtung Jurte zerrte. Der Bock war zum Sommeranfang kastriert worden, da er schon in die Jahre gekommen war und im bevorstehenden Winter geschlachtet werden sollte.

Bevor einer den Mann nur fragen konnte, was geschehen wäre, rief dieser mit wutverzerrtem Gesicht in alle Winde:

»Hat man je so etwas gesehen? Dieses Biest ist mich, seinen Besitzer, mit seinen Hörnern angegangen, was eines der einundachtzig bösen Vorzeichen ist! Darauf gilt, unverzüglich mit dem gelbgriffigen Dolch des Mannes zu antworten, sonst geschieht bestimmt ein Unglück!« Da zückte er kurz entschlossen seinen ellenlangen Dolch mit dem gelben Horngriff aus der Scheide und schnitt dem Tier die Kehle durch.

Wohl aus Mitleid mit dem einsam dahinscheidenden Sündenbock rief eines der herbeigerannten Kinder lauthals, es sei von dem roten Ziegenbock aus der Herde des Nachbarails ebenso gestoßen worden. Der Mann mit dem blutigen Messer in der Hand gab verdrießlich zurück: »Was geht dich ein fremdes Tier an!«

Die Frau, die beim Melken war, rief ihrem Mann zu: »Du hättest ja, Alter, den Bock auch so schlachten dürfen!« Er jedoch wusste die Bemerkung zu überhören, die so manches Getuschel und Gelächter seitens der Zeugen dieses blutigen Spieles hervorrief.

War einmal der Hals abgeschnitten, musste das Fell abgezogen werden. So geschah es auch. Und der Körper wurde aufgebrochen, in alle Teile hand- und mundgerecht zerlegt, und nicht allzu lange darauf kam der Fleischhaufen in den großen gusseisernen Kessel, der bereits aufgesetzt war. Bald füllte ein süßlicher, zwiebelgrasiger Duft die Jurte, drängte aus allen ihren Ritzen heraus, verbreitete sich auf das Umfeld und betörte jeden, dem er in die Nase stieg.

Später sollten wir Kinder auf Geheiß des Dshesdej durch die Gegend rennen und, wie er gesagt hatte, jeden mit einem Mund zum Fleischessen herholen. So wäre die Sitte. Ail- und Nachbarsleute kamen. Vorbeireitende kamen. Abendlichen Ausschau Haltende kamen. Die vielen Pferde an der Jurte zogen immer mehr Esser an. Der dampfende, aufragende Hügel in dem Holztrog wurde flacher und flacher, ebenso wurde die

Brühe im Kessel weniger und weniger. Die Vergehens- und Bußgeschichte des ausgedienten Sündenbocks wurde immer wieder von vorne erzählt, so oft sich ein neuer Esser in die Runde zwängte. Ein jeder sättigte sich am Fleisch und an der Brühe, dass er schwitzte und rülpste. Da kam denn auch der Milchbranntwein zum Vorschein. Nicht lange darauf erklang der Gesang. Das Fest war da, endlich wieder!

Es wurde gefeiert, dass der Dshesdej, in jungen Jahren Lamaschüler im Kloster, nicht säumig, das böse Vorzeichen anzupacken, unerschrocken zuzuschlagen und so das Unglück auf dem Herwege bestimmt abzuweisen gewusst habe. Sein Sachkenntnis wurde laut und breit gelobt. Erst gegen Mitternacht gingen die Festenden auseinander.

Aber schon nächsten Tages schloss sich dem etwas seltsamen Fest ein neues, nun echtes an. Es war, als wenn erst einmal ein Pfropfen in der Rille der Feste beseitigt – sich immer neue Anlässe fanden: Einem Kind wurde das Erstlingshaar geschnitten, eine Brautwerbung fand statt, eine neue Jurte wurde aufgestellt, Jüngere kamen, um Älteren ihre Ehrerbietung zu erweisen, Ältere gingen, um Jüngeren ihre Anerkennung zu zollen – jedes Mal gab es ein Fest.

So ging es von Tag zu Tag weiter, bis der erste Schnee fiel, der liegen blieb, und bis einer ausgenüchtert feststellen musste: Es war ein schöner, aber kurzer Sommer. Darauf gingen die Jurten auseinander. Sie zogen sich einzeln in die Berge zurück, jede vor einen hohen, breiten Felsen, der vor Winterkälte und Frühjahrssturm genügend Schutz versprach.

Dabei ging man überlegt und geschäftig herum, wirkte kühl und wortkarg bei den seltenen Gelegenheiten, mit anderen zusammenzukommen. Da war schwer zu glauben, dass dieselben Menschen es waren, die kürzlich erst nach Geselligkeit geglüht hatten und vor Leichtsinn überschäumten. Doch es war ein durchaus annehmbarer Widerspruch, denn jetzt wurde nachgeholt, was im Sommer vernachlässigt worden war: das Zusammenleben unter dem eigenen Dach. Man sah nicht nur einer körperlichen Erholung, sondern auch einem Kampf entgegen. Den Kampf ums Überleben konnte man einzig durch Besonnenheit und Ausdauer bestehen. Und dies galt für zwei Drittel des Jahres.

Hara Höl

Wie Hara Höl, der Schwarze See, im Winter aussah, wusste ich nicht. Weiß, sagte Vater. Ich musste es ihm wohl abnehmen, denn an windigen Tagen hüpften abertausende von weißen Wellen, davonpreschende See-Lämmer, über den Wasserspiegel, und was, wenn sie einmal die ganze Fläche bedeckten. An windstillen Tagen aber sah er schwarz aus wie der sternenlose Nachthimmel.

Vielleicht daher die Bezeichnung. Nur durften wir ihn nicht beim Namen nennen. Wir sagten zu ihm Meer, wie wir es von den Erwachsenen hörten. Es hieß auch, der Meeresgeist sei ungezähmt.

Vor vielen, vielen Jahren war ein Tross über den zugefrorenen See gezogen. Da war das Eis aufgebrochen und hatte Mensch und Tier heruntergerissen. Seitdem wohl sprach man vom Schwarzen See – ein Fluch der Ertrunkenen.

Wenn der See den Rest einer Jurtengitterwand oder eines Holzeimers oder ähnliches Schwemmgut ans Ufer spülte, sprach sich das herum wie der Tod eines blutjungen Menschen, und dabei stand den Leuten die Angst in den Gesichtern.

Einmal fanden wir Kinder beim Wasserschöpfen ein faustgroßes Stück Holz mit drei Löchern. Es war der Rest eines Dachkranzes. Das Holz fühlte sich kalt und glitschig an wie Lehm und zerbröckelte zwischen den Fingern. Still gingen wir mit unseren Eimern nach Hause und erzählten keinem etwas davon, auch untereinander erwähnten wir es nie wieder.

Ein andermal entdeckten der Bruder und ich am Seeufer das Abflussbrett einer Kinderwiege. Es war noch ganz, jedoch ebenso lehmig geworden wie jenes Dachkranzstück. Wir ließen die Zieselmäuse liegen, die wir in den Löchern am See ersäuft hatten und flüchteten Hals über Kopf nach Hause.

In der Nacht weckte mich der Bruder und flüsterte: »Ob ein Kind auch so langsam ertrinkt wie eine Zieselmaus?« Da brach ich in Tränen aus. Der Bruder, um ganze Jahre älter als ich, zog die Decke über unsere Köpfe und greinte mit. »Habt ihr euch gezankt?«, fragte Mutter, aus dem Schlaf fahrend. Nun weinten wir so heftig, dass wir nichts hervorbringen konnten. Alle erwachten, und die Ölleuchte wurde angezündet.

»Wir haben unsere Falle verloren, Vater«, log der Bruder schließlich. »Ja, unsere Falle haben wir verloren, Mutter«, pflichtete ich ihm bei. Die Eltern nannten uns Dummerchen und waren beruhigt. Aber ehe sie wieder einschliefen, beteten sie hörbar: »O ihr heiligen Geister des großen goldenen Muttermeeres!«

Wenn es geschneit hatte, war die Welt ringsum weiß, und nur der See blieb schwarz. Eigentlich schneite es den ganzen Sommer, aber der erste Schnee wurde der genannt, der die Erde unter Pferdehufen, Hundepfoten und Kinderfüßen dröhnen ließ, als wäre sie aus hohlem Eisen. Nach diesem Schnee ritten ein paar Männer vom Ail los, um die Kamele aufzufinden, die man im Frühsommer freigelassen hatte. Oft blieben sie viele Tage weg, kamen aber immer mit den Kamelen wieder. Dann begann der große Umzug in die geschützten Täler der Herbstweiden.

Die Nacht davor konnte keiner richtig schlafen. Sogar die Kinder, die sonst in den Frühstunden so tief schliefen, dass nichts sie zu wecken vermochte, sprangen unter dem ersten Gelb des neuen Tages von selbst auf und lösten alle Bänder und Gurte der Jurte, ohne dass der Vater sie dazu auffordern musste. Dann schlürfte man in aller Eile ein paar Schalen Tee vom Feuer weg.

Kinder, Hunde und Erwachsene hasteten lärmend durcheinander. Die Yaks reckten die Hälse seeabwärts und witterten den Tagesanbruch, die Pferde scharrten unruhig die Erde auf, die Stuten stießen ein kurzes Gewieher aus und fielen die Wallache an wie zur Brunftzeit. Das machte die Freude auf den Umzug.

Ehe der Sauermilchsack zusammengeschnürt und das Geschirr verstaut wurde, verrichtete die Mutter das Abschiedsgebet: Das Gesicht dem See zugewandt, tauchte sie den dreizehnäugigen Spritzer in die schäumende euterwarme Milch, verspritzte sie mit weit ausholenden feierlichen Bewegungen und sprach dabei so inbrünstig, dass ihr die Tränen in die Augen traten. Sie pries den See, den Himmel über ihm und die Berge um ihn. Sie hatten uns den Sommer über wohl erhalten und sollten uns auch nun nicht aus dem Blick lassen, bis sie uns im nächsten Frühjahr wieder in ihrer schützende Nähe aufnähmen. Aber See, Himmel und Berge schwiegen, so wie sie seit Gedenken wohl geschwiegen haben, wie sehr die armen schwachen Menschen sie auch gerühmt haben mochten.

Der Zug erreichte den Ak Hem und sein weites grünes Tal erst nach drei Tagen, und hier sah man noch einmal Fliegen, schlief im heißen Flussbettsand ein und hörte im Schlaf den Lärm der Vogelschwärme, die sich zur Reise in die wärmeren Teile der Erde versammelten.

Wieder und wieder dachte man an den Hara Höl, dachte an den bevorstehenden langen Winter und wünschte, dass er bald käme, damit er auch schnell verginge. Dabei malte man sich schon den Augenblick aus, da man an der Spitze des langen Zuges auf dem Pass stand, den See vor sich, und den Spruch flüsterte, den man den ganzen langen Winter mit sich getragen hatte: »Sei gegrüßt, große goldene Meermutter!«

Vielleicht kam diese verfrühte Sehnsucht daher, dass man hier nun so sicher aufgehoben war. Im Ak Hem, dem Milchweißen, so wurde erzählt, wäre noch nie ein Mensch ertrunken.

Hara Höl, der Schwarze See, mit seinen Abertausenden weißer Wellen gleich hüpfenden See-Lämmern an windigen Tagen, schwarz wie der sternenlose Nachthimmel bei Windstille, dieses, mal stumm wachende, mal zornig aufblitzende Auge des Altai und das Grab mancher Leben war die Sommerwiege meiner Kindheit.

Pflicht

Der bisher letzte Weltkrieg nahm seinen Anfang und fand sein Ende auf mongolischem Boden, und wenn das irgendwo anders geschrieben steht, dann hat es mehr mit der Verbiegbarkeit der vergangenen Geschichte zu tun als mit der Wahrheit. Aber nicht davon soll hier die Rede sein.

Unsere Pferde gingen stellvertretend für unsere Männer an die Fronten. Vorher kamen sie zu den Sammelstellen, und dort nahmen Ross und Reiter im Winde von blutroten Fahnen voneinander Abschied. Im Frühjahr zweiundvierzig hatte mein Vater die letzten vier Wallache, die von den einstigen großen Herden seines reichen Vaters noch übrig geblieben waren, weggebracht. Er hätte, wenn es nach ihm gegangen wäre, den Heimweg auch zu Fuß antreten können, das Reitgeschirr wahrscheinlich über der Schulter. Aber die Bemächtigten haben ihm das Pferd unter seinem Sattel, den alten Rappen, zurückgegeben. Dieser war durch seine ungewöhnliche Körperlänge in der ganzen Gegend bekannt, und so hatte man zu ihm gesagt: »Deine Kinder sind noch klein, nimm den Rappen mit, Mann!«

Bei dem Umzug dann beritt ihn die Mutter, die beiden Kleinkinder hinter und vor sich im Sattel, und trieb die Yakherde. Vater folgte ihnen zu Fuß, führte die beladenen und hintereinander geketteten Kamele an der Hand und kletterte bei Gewässern, die es zu überwinden galt, zu den Berittenen auch noch hinten darauf, damit ihm die filzgefütterten Stiefel nicht nass wurden und nachher die Füße nicht aufrieben.

Wenig später, wohl im Winter dreiundvierzig, war ich auch noch hinzugekommen. Da war es, dass Vater eines Nachts das

Brummeln eines Pferdes hörte, das ihm wie das seines großen Braunen vorkam, den er zuletzt an die Front gegeben hatte. So unmöglich es ihm auch erschien, dass jener es sein könnte, eilte er hinaus, und im Mondschein kam ihm tatsächlich und leibhaftig der Wallach entgegengetaumelt. Und dieser sah aus, als wäre er der Hölle entkommen: Das Rückenfell des raureifweißen Tieres war voll Eiter und Blut; hässliche, dicke Seilreste schleiften an den Fesseln, und dahinter sah man die wund geriebene Haut; die Augen glommen in der Tiefe, und die Beckenknochen ragten in die Höhe.

Tage später, nachdem das Tier mit Knochenbrühe, Kräutersud und grünem Heu satt gefüttert worden war, ging es an Vaters Hand zu der Sammelstelle zurück. Er konnte uns den langen Rappen nicht ersetzen, denn nun waren wir ja drei splitterkleine Kinder, deren Beine noch zu schwach waren, um beim tagelangen Umzug zu frischen Weideplätzen mitkommen zu können.

Dann kam der Wallach nicht wieder.

Seit Tag und Jahr lebe ich in der Fremde, versuche mich durchzuschlagen und fühle mich von der Zeit innerlich immer mehr zerfetzt. Und wenn sich das Gefühl meiner bemächtigt, ich halte es nicht mehr aus, dann flüchte ich zurück in den Winkel meiner Kindheit und heile mir dort die schwärenden Wunden aus.

Aber ich verlasse ihn dann immer wieder. Und dies, weil ich weiß, dass ich nicht bleiben darf. Die Pflicht draußen ruft. Ich weiß auch, dass es einmal das letzte Mal sein kann. Ich werde wie der braune Wallach irgendwann draußen enden und für meine heimatliche Ecke auf ewig verschollen bleiben. Aber sie ist mir so teuer, dass ich, wie ich mir einbilde, ihr zuliebe sie auch werde *verlassen* können.

Eine salzige Geschichte

Zu meinem Glück in diesem Leben gehörte unbedingt, dass ich die Großmutter hatte. Sie glich einer wärmenden Sonne und dann noch einer Zaubertruhe, aus der man hervorholen und hervorholen konnte, ohne dass sie jemals leer geworden wäre. Großmutter und ich gehörten zueinander wie Gras und Tau, hatten unser eigenes Eckchen in der Jurte, die linke Seite vom Herd. Sie röstete Fleischscheiben am Spieß für mich, wobei sie ihre Erzählung nie unterbrach. Ich klebte an ihr, verfolgte ihr Tun und trieb sie mit immer weiteren Fragen an.

»Warum isst du denn von dem Fleisch nicht mit, Großmutter?«

»Weil man Zähne haben muss, um es zu können, mein Welpchen.«

»Und warum hast du keine Zähne mehr, Großmutter?«

»Weil ich schon so alt bin, mein Wieselchen.«

»Und warum bist du so alt geworden, Großmutter?«

»Ja, warum? Das möchte ich manchmal auch selber wissen, mein Zieselchen.«

Großmutter war lange achtzig, und eines Tages hieß es plötzlich, sie sei zweiundachtzig geworden. Und weiter hieß es, nun könnte sie gehen.

Wohin? Ins Salz! Und es könnte lange dauern. Dann aber würde sie zurückkommen.

»Wann genau wirst du kommen, Großmutter?«

»Wenn du schon so groß bist wie dein Vater jetzt.«

»Wird es sehr lange dauern, bis ich so groß bin wie Vater jetzt, Großmutter?«

»Jede Nacht wirst du um ein Reiskörnchen wachsen, Kind.«

»Das ist zu wenig, es wird zu lange dauern – bleib hier, bitte, Großmutter!«

»Es geht nicht, ich muss gehen – aber ich werde doch zurückkommen!« Großmutter ist also entschlossen zu gehen. Dabei will sie, dass ich nicht weine. Aber gerade das werde ich, will ich alleine schon deshalb tun, damit sie hier bleibt. So sage ich immer wieder: »Ich werde sehr weinen, Großmutter, wenn du von mir gehst!«

Und immer wieder sagt sie bestimmt: »Nein, das wirst du eben nicht tun, mein Spätzchen!«

Eines Morgens fand ich sie dann tatsächlich nicht mehr. Weder in der Jurte noch draußen in der Steppe. Nicht einmal ihr Lager war zu finden. In mir spürte ich das brennende Bedürfnis, in lautes Geschrei auszubrechen, mich auf die staubige und steinige Erde zu werfen und mit dem Kopf und den Fäusten darauf zu hauen. Doch irgendwie hatte ich Hemmungen, mir war, Großmutter stünde irgendwo und beobachtete mich. Und ich durfte ihr kein Weh antun. So stand ich betäubt inmitten des Lebens und wusste, dass ich warten musste.

Mir war durchaus bewusst, dass mir viel fehlte, um so groß zu werden wie Vater. Doch verfehlte ich keine Gelegenheit zu fragen, wann ich denn endlich erwachsen dastehen würde. Einmal musste Vater übel gelaunt gewesen sein, als ich ihn schon wieder danach fragte – recht barsch fiel seine Antwort aus: »Wieso denn das schon wieder – kannst du nicht mehr warten, dass du zu so einem alten Hautbündel morscher Knochen und Sehnen wirst wie ich es schon bin?« Ich brach in Tränen aus: »Nein, das nicht – aber damit Großmutter endlich wieder heimkehrt!«

Seitdem lautete die Antwort ziemlich gleich bleibend, ich sollte mich noch eine kleine Weile gedulden. Aber diese kleine Weile war unendlich lang, erstreckte sich über einen ganzen Sommer und auch auf den Herbst darauf. Meine Geduld schien dünner und dünner zu werden, sodass sich in mir ein Hass auf etwas Unbestimmtes zu bilden begann. Eines Tages glaubte ich dieses Unbestimmte beim Namen zu kennen – das Salz war es, weswegen Großmutter von mir gehen musste! So nahm ich kurz entschlossen den Salzbeutel und schüttete den ganzen Inhalt auf die Steppe.

Als Mutter darauf Tee kochte, fand sie den Beutel leer, sagte aber nur: »Ach, das Salz ist alle!« Und holte neues aus einem größeren Sack. Dass sie nicht gemerkt hatte, was mit ihrem Salz geschehen war, bestärkte mich wohl erst recht in meinem Hass. So nahm ich ihr auch das neue gleich weg, ging bei nächster Gelegenheit in die Nachbarjurten und leerte alle Salzbehälter.

Dass die so fortlaufende Geschichte für mich schlecht enden musste, lässt sich leicht denken. Aber so schlecht, ja so böse hätte sie gar nicht sein dürfen, wie sie gerade endete: Denn Mutter fing an zu jammern, als sie Salz auf der Erde fand: »Das macht man doch nicht, liebe Leute, da jedes Salzkörnchen, das unaufgelöst im Trocknen bleibt, sich der Tat, die gelingen will, als ein Felsen in den Weg stellt!« Sie kochte Wasser und goss es über die Stelle, wo sie etwas entdecken konnte, sie tat es lange und sorgfältig, damit sich sämtliches Salz auflöste.

Also hatte ich mir wieder etwas eingebrockt! Ich, der ich auf *den* Tag wartete – aber nun würde sich auf den Weg der Heimkehrenden ein Fels neben den anderen stellen, und dies, wo Großmutter so schlecht laufen konnte! Und was blieb mir übrig, als klammheimlich mit der Waschkanne voll erhitzten Wassers über die Steppe zu hasten und überall dort, wo ich die Schandspuren meiner eigenen Tat entdecken konnte, dagegen vorzugehen. Dabei beschwor ich die Salzklumpen, die ich sehen und auch nicht sehen konnte, unter Tränen, sich aufzulösen, damit sie mir, dem armen, dummen Kind, die Heimkehr meiner Großmutter nicht noch erschweren sollten.

Großmutter kam nicht wieder. Und das belastete mich doppelt schwer. Jahre mussten an mir gerben, bis ich begriff, dass sie auch dann nicht gekommen wäre, wenn ich kein Salz auf die Steppe geschüttet hätte. Und als diese Einsicht zu mir kam, war ich den Leuten doch dankbar dafür, dass sie mir nicht gleich gesagt hatten, was mit Großmutter geschehen war. Nicht einmal heute will es mir einleuchten, dass ein Mensch aus dem Leben gehen könnte, um nie wieder zurückzukehren, weil er tot, leblos geworden sein soll, wie jedes geschlachtete Schaf, wie jedes erlegte Reh.

Nachträglich fand ich die schonende Umschreibung für das Ende, das immer groß und wichtig bleiben wird, in Ordnung. Denn ich begriff, weshalb man gerade ins Salz, und nicht ins Mehl oder in den Honig, auch nicht nach Seide und Brokat gehen musste. Da verspürte ich in mir erst recht die Ehrfurcht vor dem Urstoff Salz erwachen. Und seitdem weiß ich, wie Salz schmeckt: Es ist unersetzlich und darf darum gerade nicht fehlen.

Vater

Der lange, hagere Mann mit den grau getönten hellbraunen Augen und dem leicht gekräuselten roten Bart ist mein Vater. Manch einer wäre vielleicht über ein Paar dunkelbrauner Augen und zu diesen passende pechschwarze Haare glücklicher gewesen. Aber mir gefällt er gerade, so wie er ausschaut, denn ich bin geneigt zu meinen: In den ausgefallenen Zipfeln und Wipfeln wohnen wohl meistens Vorzüge. Ja, er ist ganz einfach ein vorzüglicher Mann. Dafür aber hat er keine Bücher geschrieben, keine Heldentat vollbracht, für die Freiheit der Menschheit nicht im Kerker geschmachtet, bei keiner Schlacht geblutet und nicht einen Tag seines Lebens mit Sitzungen oder Kuren vertan. So werden die Medien- und Meinungsmacher keinen Tropfen Tränen weinen, und die Staatsfahnen werden um keinen Fingerbreit tiefer wehen, wenn er wieder geht.

Vater weiß, wie das Wetter in einer Stunde, am nächsten Morgen, im nächsten Monat und bevorstehenden Winter werden wird. Er liest es den Wolken, der Sonne, dem Mond, der Bewegung der Sterne, der Stimme der Gewässer, dem Geruch und der Farbe der Gräser ab – mit allen fünf Sinnen ist er Astronom und mit dem sechsten Astrologe.

Das Pferd braucht Hufeisen – er ist Schmied, dem Küchenregal ist ein Bein abgebrochen – er ist Tischler, eine Satteltasche wird gebraucht – er ist Schneider, Mutter ist nicht da – er ist Koch, einer wird krank – er ist Heiler, ein Fest ist im Gange – er ist Sänger. Gibt es etwas Freudiges – spart er nicht mit Lachen, geschieht etwas Unerfreuliches – weiß er zu sagen: »Einmal darf es ja auch anders ausfallen!«

Und in einer düsteren Stunde des Lebens jagt er uns hinaus und hetzt mit Arbeit: Wir sollen ihm von allen Seiten die Steine reichen, und er erneuert die Hürdeneinfriedungen, die er vorhin heruntergerissen hat, weil sie nicht gerade genug aufgeschichtet war, und dabei kennt er kein Erbarmen – aus seinem Mund hört man nur noch: »Schneller! Schneller!« Oder er befiehlt uns, Dung zum Brennen zu sammeln. Wenn wir, die Körbe auf dem Rücken, uns in verschiedene Himmelsrichtungen verkrümeln, ruft er uns noch einmal hinterher: »Jeder zehn Körbe und den Haufen für sich!« Es liegt außerhalb unseres Vorstellungsvermögens, ihm in solchen Fällen zu widersprechen. Selbst Mutter krebst so lange herum, bis sie ihren zehnten Korb gefüllt und herbeigeschleppt hat.

Ich nehme an, es muss Vater schwer gefallen sein, mich, seinen jüngsten Sohn, von sich wegzuschicken. Denn ich hatte die Milchzähne noch voll im Munde, als dies geschah. Doch er muss gewusst haben, dass ich nicht untergehen würde, was alles auch über mich hereinbrechen mochte.

Und heute? Ich reiße nicht gerade Steinwälle herunter oder renne mit dem Dungkorb über die Steppe. Ich stürze mich in meine Dichtung, und wenn dabei etwas Brauchbares auch für andere herauskommt, die den gleichen Kummer mit sich herumschleppen wie ich und sich dann erleichtert fühlen, durchleben sie ihn noch einmal geordnet auf dem Papier und im Lichte der Poesie, dann denke ich wieder und wieder: Mein Leben wird unter jedweden Umständen richtig verlaufen, da an dessen Anfang mir der richtige Mensch zur Seite gestanden.

Das fahrerlose Auto in der Steppe

Vater und ich ritten auf die Murmeltierjagd. Unser Ziel war der große rote Berg am Erd- und Himmelsrand, den wir seit Stunden anpeilten, jedoch noch weit entfernt wussten. Die Dunstschleier über der Ebene drückten, die Erdkrümel, von den Pferdehufen aufgeworfen, hingen einen Herzschlag lang regungslos in der Luft, eh sie sich in wolkige Fetzen verwandelten und anfingen, langsam erdwärts zu wandern, und die einzigen Lebewesen, die sich unseren ermüdeten Augen zeigten, die paar Kamele in Sichtnähe, wirkten träge und schienen lustlos zu grasen. Es war wieder einmal ein windstiller Tag.

Mit einem Mal aber scheuten unsere Pferde, sprangen laut schnaubend zur Seite, und während wir dagegen ankämpften, noch eh wir aus dem Dämmerzustand erwachen konnten, sahen wir, was da war: Ein Auto voller Ladung stand in einer Mulde, zwei, drei Lassowürfe seitlich vor uns. Was uns die Herzen vor freudiger Erwartung sogleich höher schlagen ließ: eine Abwechslung endlich, und was für eine!

Allein, wie verwundert, ja, enttäuscht und erschreckt waren wir dann, als wir uns, unter manchem Druck auf die Pferde, dem riesigen Laster näherten. Es war ein fahrerloses, ein lebloses Ding. Da die linke Tür des Fahrerhäuschens weit aufgesperrt stand und die Ladekiste voll und turmhoch mit einer Plane gänzlich zugedeckt und noch sorgfältig darüber verschnürt war, blieb kein Raum für irgendwelchen Zweifel – keine Menschenseele innen und außen. Und weit und breit keine Jurte, kein Wasser, kein Leben. Dennoch musste ein Mensch es hierher getrieben, dann es verlassen haben, aus welchem Grund auch immer. Es war wohl kaputtgegangen. Während wir so dachten und darüber auch miteinander sprachen, trieben wir die immer noch scheuenden Pferde in einem großen Kreis um das Auto vorwärts, um auf die Spuren des Menschen zu kommen, der sich auf den Weg gemacht haben musste – vielleicht könnte man ihn noch einholen und Hilfe bringen?

Doch so angestrengt wir auch hinschauen und die Steppenerde mit dem Blick abtasten, wir finden die Spuren nicht, die da sein müssten. Umso deutlicher, fast brechend und knisternd frisch heben sich die Abdrücke der Reifen aus dem feinen hellen Kiessand hervor. Und das will uns fast aus dem Sattel hauen. Ich sehe Vaters Gesicht blass werden, und mir kommt alles wie ein schwerer Traum vor, aus dem man gleichsogleich erwachen müsste. Da meint Vater, dass nur eines zu tun wäre: Wir verfolgen die Autospur zurück. Gesagt, getan. Wir reiten immer schneller, vom Schritt in den Trab, dann in den Galopp, reiten eine ganze Weile, und da es leicht aufwärts geht, kommen die Pferde arg ins Schwitzen und Schnauben. Dann sehen wir es: dunkel und länglich zuerst, zu einem lang gestreckten Menschen geworden zum Schluss.

Längst hämmert und hüpft mir das Herz in der Brust, es will wohl zum Hals. Auch Vater zeigt sich bestürzt, springt fast vom Sattel, während er mir die Führleine seines Pferdes gibt und mir eindringlich zuflüstert, ich solle im Sattel bleiben und mutig sein. Dann bewegt er sich auf den Menschen zu, nicht anders, als wenn man sich einem äsenden Wild von hinten nähert: gebückt und auf den Zehenspitzen. Was ein Bild ergibt, das einen sonst zum Losprusten gebracht hätte. Jetzt aber bin ich vom Lachen sehr entfernt, bin dafür dem Weinen nah. Ich vermag ihm nur ein gestocktes Geflüster hinterherzuschicken: »Mensch ... Vater ... nimm doch ... das Gewehr ... in die Hand!«

Aber er tut es nicht, wohl hört er es nicht. Indes nähert er sich, steht schließlich nur zwei, drei Schritte davor und richtet sich immer mehr auf. Wodurch ich auch immer mehr Erleichterung spüre. Da bückt er sich schon darüber und ruft: »Hej, Mann!« Wovon ich jedoch zusammenfahre, wohl weil der Ruf mir sehr laut erscheint. Allein der Liegende bleibt regungslos. Nun wird er angefasst und geschüttelt. Und da endlich bewegt sich dem ein Bein. Ich atme auf.

Es ist ein älterer Mensch, ein schwer Besoffener. Er hat nur eine Handspanne von der Reifenspur entfernt gelegen. Jetzt aber sitzt er, aufgerichtet, es vergeht Zeit, bis er zu sich kommt. Seine erste Frage ist, wo das Auto sei. Er redet auf Mongolisch, doch hört man ihm an, er ist Kasache. Wir bringen ihn zu seinem Auto. Er nimmt mir den ganzen Sattel ein, ich sitze knapp und komme mit dem Steiß an den nackten Pferderücken. Aber jetzt wird langsam geritten. Und da sehen wir, dass das fahrerlose Auto beinah die Strecke eines Nahumzuges zurückgelegt hat.

Der Mensch kommt ziemlich ausgenüchtert an. Der Motor will nicht gleich anspringen. Wir warten so lange, bis er dann doch anspringt und das Auto abfährt.

Erst mit der Dämmerung kommen wir am Ziel an. Aber die Fröhlichkeit verlässt uns nicht. Vater sagt wieder und wieder, wie gut es sei, dass mit dem Menschen und dem Auto mit der schweren Ladung nichts Schlimmes passiert sei.

Das Märchen vom unansehnlichen Bengel

Es war einmal ein König, von dem es hieß wie von jedem Herrscher immer, er wäre mächtig und darum wohl auch reich, weise, gütig und vieles andere auch. So war dessen Ruhm über die Grenzen seines Reiches bekannt. Eines Tages wurde er am Außenring um seine Palastjurte auf einen kleinen zerlumpten Jungen aufmerksam, den seine Wächter unter Stockschlägen und Stiefeltritten davonjagten, der aber immer wieder zurückkam. Der König ließ fragen, was mit dem da wäre, und bekam zur Antwort, er wolle unbedingt zu Seiner Majestät, da er etwas hätte, was er nur ihr verraten dürfte. Das machte den Herrscher neugierig, aber jetzt war er auf dem Wege zur Jagd, und so befahl er, den Jungen so lange aufzuhalten, bis er zurückkäme.

Und als der König am Abend von der Jagd zurückkam, wurde der Junge vor ihn gebracht. Der aber machte erst dann den Mund auf, als er mit Seiner Majestät unter vier Augen stand, und die Worte lauteten: »Mir träumte dreimal, ich wär bei dem Himmelskönig. Das erste Mal bekam ich aus dem Hundenapf vor der Palastjurte mit dem goldenen Dach und der silbernen Wand zu essen; das zweite Mal lauste mir die Königin höchstselbst den Kopf; das dritte Mal sagte mir der König, ich solle zu dir, seinem Bruder auf Erden, gehen und mit dir zusammen auf eine Botschaft von ihm warten. Und das ist der Grund, weshalb ich zu dir gekommen bin, o mein König!«

Dass der ungebetene, unansehnliche Bengel darauf bestehen und all die Wichtigen und Mächtigen, selbst den Weisen zu seiner Linken und den Recken zu seiner Rechten, selbst Ihre Majestät, die Königin, zum Rückzug veranlassen konnte, hatte in den Augen des Herrschers den Wert des seltsamen Gastes schon von Anfang an gesteigert, und nun fand er dessen Erzählung auch merkwürdig. So überlegte er, und während er dies tat, fragte er seinen Gast nach diesem und jenem und erfuhr: Er war ein Waisenknabe und ernährte sich von Mäusen und Zieseln, die er mit Pfriemengräserpfeilen und einem Weidenholzbogen erlegte.

Schließlich ließ der König seine Wahrsagerin kommen, und diese befand die Träume als so gut, dass dem Jungen auf der Stelle ein Obdach zugewiesen wurde, zu dem weitere Dinge wie schöne Kleider, gutes Essen und ein ständiger Zugang zur Königsjurte gehörten. Also wurde aus dem schäbigen Waisenknaben ein enger Vertrauter des Königs. Und das Gute war dabei, jener war wach und gewillt, zu etwas zu werden, und so erwies er sich der Gunst Seiner Majestät durchaus würdig.

Die Jahre vergingen, und aus dem einstigen Waisenjungen wurde ein vortrefflicher Schütze. So sehr sich die Recken ihm zur Seite auch bemühten, keiner konnte ihm in der Treffsicherheit bei der Jagd auf Wild und auf Gegner gleichkommen. Der König war stolz auf seinen Günstling, wurde aber insgeheim immer ungeduldiger bei dem Gedanken an jenen Traum von der erwarteten Kunde vom Himmelsreich. Denn er spürte die Bürde des Alters immer deutlicher.

Dass Erfolg Neid gebiert, wissen wir. So war es in jener Zeit und in jenem Staat auch um unseren Jungen bestellt, aus dem erst einmal ein vortrefflicher Recke geworden war. Es wurden da nicht nur Pfeile abgeschossen und Tiere erlegt. Es wurden auch Worte auf den Weg geschickt, die auf Überlegene zielten. Vielleicht hat es irgendwann tatsächlich einen weisen und tapferen König gegeben, vielleicht aber auch nicht – wissen wir es? Was wir aber genau wissen, ist: Jeder König, auch der kleinste, hat allsehende Augen und allhörende Ohren. So war es mit dem unseren – die auf den jungen Recken mit dem zuverlässigen Daumen zielenden Worte flogen alle an seinen Ohren vorbei, kamen immer wieder zurück und kreisten um sie herum. Und er, der König, des Wartens und auch der Bürde des Alters müde, begann, manche der Worte zu erwägen und manch eigenes Misstrauen daraus zu nähren. Und mit einem Mal entsprang seinem königlichen Hirn ein Gedanke: Er musste einem Betrug erlegen sein!

Und wenn einem königlichen Hirn ein solcher Gedanke entspringt, dann kann er nimmer ohne Folgen bleiben. So war es denn auch da: Man wird irgendeines Vergehens verdächtigt, und ist es erst einmal so weit, der Rest ist dann eine Kleinigkeit – der Spitzenrecke wurde beschuldigt und hingerichtet. Dass die Wahrsagerin mitfallen musste, das war nur selbstverständlich.

Weitere Jahre kamen und gingen, und sie machten aus dem König einen bejahrten Mann. Diesem hatten sich Ruhm und Reichtum und alles, was einem König zukommt, weiter vermehrt. Was manch einer für den Grund zur vermehrten Freude hätte halten können. Dem war aber nicht so. Denn der König litt mit jedem weiteren Jahr immer mehr unter dem Gedanken an seinen bevorstehenden Tod. Alles, was er besaß, auf Erden zurückzulassen, wobei er selber unter die Erde sinken musste, nicht anders als ein jeder seiner niedrigen Untertanen auch, ließ ihm keine Ruhe, ja, er konnte sich mit dieser Wahrheit des Lebens nicht versöhnen, so sehr er doch wusste, anders ging es nicht. So suchte er in einem Winkel seines Verstandes immer wieder nach einem Ausweg aus der Lage – ginge es nicht, sein Leben wenigstens um ein paar Jahre zu verlängern? Noch besser wäre es mit einer Verjüngung und am besten natürlich mit der Unsterblichkeit!

Und da geschah es. Ihm träumten dreimal, immer zur Morgenstunde, hintereinander jene drei Träume, die vor vielen Jahren der Waisenjunge ihm erzählt hatte – nun aber mit einer kleinen Abweichung, die ihm nur allzu verständlich erschien – der Himmelskönig sprach zu ihm, dem Erdenkönig: »Vor einem halben Menschenalter ließ ich dir, meinem Bruder auf Erden, eine Kunde durch meinen jüngsten Sohn zukommen; nun will ich das Versprechen einlösen, indem ich am ersten Tage des bevorstehenden Monats mit dem Grauen Falken eine Himmlische Gabe auf den Weg schicke; mein beflügelter Botschafter wird mit der aufgehenden Sonne auf deine Jurte zufliegen, wird sich aber nicht von selber niederlassen, so muss er abgeschossen werden; er trägt in seiner Herztasche drei Tropfen Brustmilch der Himmelskönigin; wer sie trinkt, wird auf der Stelle umfallen und eine Weile später, wieder fünfundzwanzigjährig, auferstehen, und damit ihr wisst, mein Bruder und mein Sohn, jeder Tropfen wird dem Trinker weitere hundert Jahre Leben spenden; weiter sollt ihr wissen, der Falke wird höchstens dreimal auf euch zugeflogen kommen und jedes Mal nicht mehr als drei Umkreisungen über euch ziehen, und wenn ihr ihn endlich abgeschossen und die Gabe in Empfang genommen habt, dann braucht ihr den aufgebrochenen Körper nur zu verbrennen, und er wird als Rauch hier ankommen!«

Wie erschrak da der König und bedauerte seine Tat! Aber auch welch süße Hoffnung erwachte in seinem altersmüden und verbitterten Herzen! Ab Stunde machte er nichts anderes, als sich auf den Empfang des Himmelsbotschafters vorzubereiten. Sein ganzes Heer versetzte er in erhöhte Bereitschaft. Ein jeder, der einen Bogen trug, hatte Höhenschüsse zu üben. Es galt, den Grauen Falken um jeden Preis zu erlegen! Und ein Preis, der nicht hätte noch höher sein können, erwartete den Treffsichersten unter den Schützen.

Da kam der Tag, kam die Stunde. Und sieh da, mit der aufgehenden Sonne erschien am östlichen Himmelsrand, einer hellen Lichtkugel gleich, der Graue Falke und flog geradewegs heran, wie es gesagt worden war. Die Zehner-, Hundert- und Tausendschaften, die vorher vielmals geübt und nun abermals und endgültig Stellung bezogen hatten, fingen an, aus den längst gespannten und mittlerweile glühenden Bögen ganze Wolken von Pfeilen loszulassen. Doch keiner von ihnen vermochte, bis an das Ziel heranzureichen. Indes erreichte der Himmelsvogel die Jurtenstadt, zog dreimal einen Kreis hoch über der königlichen Palastjurte und flog zurück. Er kam noch zweimal, am nächsten und übernächsten Tag, immer zur gleichen Stunde, auf der gleichen Bahn und zog dieselben Kreise und machte kehrt, unversehrt aber.

Wie erzürnte da der König! In seiner Weißglut hieß er einer Horde von Edelrecken die Köpfe abschlagen und verfiel darauf in eine stumme Trauer. Aus der er sich nicht wieder erholen konnte. Bald starb er. Die Geschichtsschreiber wissen zu berichten, dass das Letzte, was man aus seinem Mund vernahm, der Name des Jünglings gewesen sei, den er erst angenommen, dann aber verstoßen und hat hinrichten lassen. Beim Aussprechen seines Namens sei der Stimme des Sterbenden Reue abzuhören gewesen.

So könnte der traurige König doch als ein Edler ins Gedächtnis der Nachwelt eingehen. Vielleicht war er es auch oder zumindest wurde er es zum Schluss. Wie auch immer, es ist ja hier auch nur ein Märchen.

Schwäne

Der Sommer hatte sich ohne uns verschwendet, und die Zeit des Aufbruchs war gekommen. Die Pferde standen angepflockt, und die Eltern hantierten an den Satteltaschen. Ich lehnte mit brennenden Eingeweiden an der Jurte und starrte der Sonne nach, die ungestüm auf die westlichen Berge zueilte. Da peitschte ein Schuss die Luft. Die Pferde sprangen um die Pflöcke herum, und die Menschen kamen aus den Jurten gerannt.

Schnell war der große Vogel gesichtet, der, einem Wolkenbrocken gleich, zur Erde stürzte. Er zog eine flattrig-weiße Bahn durch die Luft und schlug dann hart auf. Am anderen Ende der Federstraße jagte das Weibchen mit wildem Geschrei und hastigem Flügelschlag davon, als wollte es Himmel und Erde angreifen. Doch dann kam es zurück, kreiste in sachter Schwebe über der Unglücksstelle und schoss plötzlich unter herzzerreißendem Geschrei herab, sodass man glaubte, es würde gleich am Steingrund zerschellen. Die Kinder schrien: »Erli, Erli!« – Sie hatten den verblichenen Stofffetzen an dessen Fuß entdeckt. Mit angehaltenem Atem wartete man auf das Ende der Schwänin, doch sie kam ihm um Haaresbreite zuvor, glitt, mit der Brust den Boden fast streifend, in eine Kurve und ging schwerfällig wieder in die Höhe. Alle atmeten erleichtert auf, fern jeder Enttäuschung darüber, dass ihr Wissen sie betrogen hatte. Man hatte es nie gesehen, oft jedoch gehört: Schwäne folgten ihren Gefährten in den Tod.

Das Schwanenweibchen wiederholte den Vorgang haargenau noch ein-, zwei-, dreimal: Das verhaltene Kreisen über dem toten Gefährten, das jähe Herabstürzen unter lautem Geschrei, das plötzliche Abgleiten in die Kurve und das schwerfällige Erklimmen der Höhe.

Die Sonne stürzte sich langsam, aber unaufhaltsam hinter die Berge, und die Steppe kroch immer tiefer ins Dämmergrau. Über der Rauchöffnung der Jurten schimmerten bereits einladende Lichter in die Nacht hinaus. Sie schienen die Menschen aus allen Richtungen anzuziehen. Ein Ruf erscholl: »Habt ihr das gehört?« Ich wandte mich um und erschrak. Wenige Schritte von mir entfernt stand sie – jener unsichtbare Pflock, der mich hier festgehalten hatte. Jemand seufzte: »Sie hat sich an den Klippen zerschellen und ins Wasser fallen lassen.« Ich aber hatte nichts vernommen. Auch sie äußerte sich nicht dazu.

Das Schwanengeschrei war tatsächlich verstummt, kein Flügelgeflatter war mehr zu hören. Die Menschen entfernten sich: Hier laute Seufzer ausstoßend, da leise Gebete murmelnd.

Der Fluss zu unseren Füßen schien plötzlich zu tosen, als sei ihm das Bett zu eng geworden. Am jenseitigen Ufer leuchtete der tote Schwan wie eine kleine weiße Jurte, wie eine große weiße Blüte, wie etwas, dessen Leuchtkraft abzutöten auch die Nacht nicht schwarz genug war.

Schluchzend lief plötzlich jene davon.

Schon den neunten Tag saßen die vollen Satteltaschen da, als würden sie vor Ungeduld immer praller. Die Pferde an den Pflöcken wurden immer unruhiger, die Eltern in der Jurte immer verschlossener. Mir war der Anblick all dessen längst unerträglich, und dabei wusste ich nicht einmal, welchen Sinn mein Warten haben sollte.

War es das Bemühen um einen Neuanfang mit ihr? Verwartete ich deshalb Tage und Nächte? War es eine angestrebte Versöhnung? Aber was gab es da sich auszusöhnen? Was auch sein mochte, zwei Jurtenwände und ein Mund voll Zuflüsterungen hatten es erreicht, dass sich der Sommer ohne uns verschwendete. Und doch hatten wir gedacht und gesagt: Leben mit dir oder nicht leben!

»Erli, Erli!«, schrien die Kinder. Ein Schwanenpaar schwebte über dem Fluss, den Jurten und den Kindern. Es schwebte in erhabener Gelassenheit; die Laute, die die beiden ab und zu wechselten, klangen zärtlich und beruhigend; es schwebte über den Kindern, den Jurten und dem Fluss und dem Ufer dahin, an dem der tote Schwan die Nacht durch gelegen hatte. Am Morgen hatten ihn die Kinder im Ufersand verscharrt. Um die Stelle, wo er verendet war, lag nunmehr verstreut eine Hand voll Federreste, kleine, klebrige, helle Blüten eines gewesenen Lebens.

Der Himmel, an dem die Straße des Glücks unsichtbar eingefurcht zu leuchten schien, und die Erde, auf der die Spuren des Unglücks unübersehbar umherlagen – Himmel und Erde, zwischen beide geworfen ich die Kindheit verbracht hatte, bis mich die erste Liebe in ihre zweifelhaften Umarmungen zog, all das war plötzlich eine einzige Leere, die ich keinen Atemzug länger ertragen konnte. Die Leere im Nacken, rannte ich, ein Irrsinniger, zu den angepflockten Pferden.

Wir waren getrennt. Nicht sie hat gewollt, nicht ich, dennoch war es geschehen. Hunderte von Bergen und dutzende von Flüssen lagen zwischen uns nun. Doch ich hing noch all dem nach, was uns miteinander verbunden hatte, und konnte und konnte nicht begreifen, weshalb sich denn Seelen wieder entzweien ließen, die so ineinander eingegangen waren.

Inmitten gelehrter Gedanken und dunkler Schmerzen bekam ich Besuch von jenseits der Berge und Flüsse.

… Ihr? … Ihr ginge es prächtig eigentlich … Ich sollte mich darüber nur freuen … Der neue Agronom, den ich doch kennen müsste …

Die Erde wartete noch immer auf den ersten Schnee.

Das Ende des Bruders Rappe

Vater, Mutter und ich lebten wieder einmal zu dritt auf unserer bewährten Winterbleibe inmitten der Schwarzen Berge. Die Geschwister waren seit Monaten weg und sollten hinter Flüssen und Steppen ihr Internatsleben führen. Ich war noch zu klein für die Schule.

Die Kälte nahm zu, und den Raureif sah man Morgen für Morgen angewachsen. Da vernahm ich, einmal erwachend, draußen den Wallach brummen, zu dem wir Kinder alle Bruder Rappe sagten. Wieso man zu dem Namen gekommen war, wusste ich nicht – für mich war das rabenschwarze Pferd mit den hervortretenden Beckenknochen, den tiefen Höhlen oberhalb der Augen und eben diesem Namen einfach von Anfang an da; ich nehme an, so musste es auch bei den Geschwistern gewesen sein. Denn es war ein Pferdegreis. Nun schlug mir das Herz hoch, da ich ihn seit dem Frühsommer nicht gesehen hatte – es hatte geheißen, er wäre in der Steppe der Neun Hügel, in der großen Herde. Ich war recht verwundert, als mich Mutter am Ärmel festhielt und warnte: »Zu dem Pferd aber gehst du nicht!«

Das Wohlverständliche wäre gewesen, wenn ich gefragt hätte, warum das. Doch spürte ich in mir mit einem Mal etwas Schweres und Lähmendes. Und so verschluckte ich die Worte, die mir bereits auf die Zunge gestiegen waren, und verließ eilig die Jurte. Dann sahen wir uns aus der Ferne. Er hob den Kopf, spitzte die Ohren und brummte mir entgegen. Rundlich wirkte er; es war, als wären die Beckenknochen niedriger geworden, auch sonst nicht mehr so knochig, und das Fell mit den stehenden Haaren glitzerte. Ich hielt seinem Blick nicht stand und musste wegschauen.

Ja, ja – alles deutete darauf hin: Ich fand in der Jurte die Schüsseln geleert und aufeinander gestapelt. Und dann war es Mutter, die mit der Schafherde heute auf die Weide ging, was sonst immer eine männliche Arbeit war. Ich lebte wie betäubt, blieb aber gehorsam: Hastete hin und her und stand Vater hilfreich zur Seite, so gut ich nur konnte. Ich sollte das Pferd her- und dann weiterführen zu dem yakgroßen rötlichen Felsen mit der flachen Oberseite, wo immer Großvieh geschlachtet wurde. Dann hielt ich es fest am Zügel, während ihm drei Füße gefesselt wurden, wie beim Beschlagen auch. Vielleicht hat es, das während seines langen Lebens unzählige Male beschlagen worden war, wirklich anderes gedacht – es legte sich fast von selber hin, sobald man am Ende der Schlaufe anfing zu ziehen. Nun wurde die Fessel gestrafft, alle vier Beine wurden fest zusammengebunden.

Da sagte Vater, ich sollte in die Jurte gehen und spielen und erst kommen, wenn er nach mir riefe. Ich gehorchte wortlos und kroch, in der Jurte angekommen, mit dem Kopf unter den dicken Schaffellmantel von Mutter und steckte noch in jedes Ohrloch einen Finger. Irgendwann spürte ich einen Griff am Bein. Es war Vater. Jetzt hörte ich ihn sagen: »Eine ganze Weile rufe ich nach dir, Kind!« Keinen Tadel enthielt die Stimme.

Das Tier war tot, lag mit befreiten, starr in die Wolken zielenden Füßen und dem aufgebrochenen Nacken am dicken Ende eines dampfenden Blutbaches, an dessen anderem, dünnerem Ende der Hund stand und daraus schmatzend und mit geschlossenen Augen genüsslich schleckte. Ich half Vater: packte immer beidhändig das eine Bein an der Huffessel und zerrte daran, während er auf der anderen Seite das Fell von dem Fleisch durch Knüppelhiebe Stück für Stück abpellte. Später bekam ich andere Aufgaben. Ich gab mir Mühe, aber das Ende, an dem ich festzuhalten hatte, rutschte mir immer wieder aus den Fingern, die trotz des warmen Fleisches von außen froren und blau anliefen. Es wurden ganze Hügel, die man aus dem aufgebrochenen Körper an Gedärmen herausholte und an Fleisch herunterschnitt. Der Tag verging, bis wir damit endlich fertig waren.

Am Abend hatte ich weder Kraft noch Lust, auf das Garen des Fleisches zu warten, schlief ein, ohne etwas gegessen zu haben. In der Nacht erwachte ich von einem Gespräch der Eltern untereinander. Mutters Stimme klang ungehalten. Vater schien sich rechtfertigen zu müssen, denn er sprach: »Wir haben ihm die Ruhe gegönnt und ihm damit die Ehre erwiesen. Mehr ist nicht zu machen. Sollte denn das edle Geschöpf noch älter werden, um am Ende in einer Mulde zu krepieren und zum Fraß für die Hunde herumzuliegen?«

Mir fiel das schöne, quicklebendige Bild von dem Edelross ein, das der Rappe war; mal Vater darauf, im Trab, mal der ganze Rest der Familie: Mutter mit allen drei Kindern, vor und hinter sich, darauf, im Schritt – er trug uns durch Flüsse, über sumpfige Wiesen, aber auch weite, steinige Steppen auf seinem langen, festen Rücken, und er hatte einen wunderbaren: federnd leichten Gang. Außerdem und vor allem aber hatte er ein liebes Gemüt. Ja, er war die behufte Güte, die bemähnte Weisheit. Darauf schlief ich wieder ein, und mir träumte, ich flöge. Unter mir steckte er, der Rappe, dessen Fell glitzerte und loderte. Möglich, seine Seele ging heim, dorthin, wo eines Tages alle hingehen. Und dabei wollte er mir, der ich dafür, was nun einmal geschehen war, nichts konnte, vielleicht einen letzten Dienst erweisen.

Vaters Schnauzbart

Einmal kehrten zwei seltsame Reiter in unserer Jurte ein, wie wir Kinder sie noch nie gesehen hatten: lange rothäutige, zappelige Männer mit krausem Gelbhaar und runden Eulenaugen, die aus der Tiefe so herausleuchteten, dass wir nicht wagten, ihnen ins Gesicht zu schauen. Aber das war nicht alles, was sie so gefährlich erscheinen ließ: Es waren die Gewehre und die Kleider, die sie trugen – alles blitzte und blinkte. Selbst ihre Sprache, dieses Trass-Triss, erklang, als sie eintraten, zum Bäumestürzen und Felsenzerhauen.

Mutter war aus irgendeinem Grund nicht zu Hause, Vater aber ja. So drängten wir nun zu seinen Seiten wie Vogelkinder unter die Flügel des Großen.

Als sie dann, mit gegorener Milch und getrocknetem Süßquark bewirtet, wieder aufbrechen wollten, sahen wir Vater Zeichen machen: Hielt den linken Zeigefinger, gekrümmt um den Daumen, vor die Nase und zog die Luft ein, womit sie nach Schnupftabak gefragt waren. Es war nämlich jene Nachkriegszeit, wo eine Hand voll des stinkigen bläulichen Krauts gegen ein ausgewachsenes Mutterschaf getauscht wurde.

Die beiden wechselten lachend ein paar Worte und bedeuteten ihrem Gastgeber, sich hinzuhocken. Und dieser gehorchte.

Aber wie erschrocken waren wir, als einer von ihnen ein langes dünnes Messer aus der Hosentasche zog. Wir waren nicht im Stande zu schreien, dass sie unserem Vater nichts antun sollten. Dann wurden Wangen und Lippen des Hockenden benässt, mit einem runden weißen Stein gerieben, worauf es aussah, als wäre er mit dem Gesicht in frisch gemolkene, schäumende Milch gestolpert. Und schließlich fuhr ihm der eine ein paar Mal ritz-ratz mit dem Messer darüber. Als ihm dann das Gesicht abgewischt war, sahen wir, er war unkenntlich geworden. Die Wangen standen ihm ungewöhnlich glatt und der mächtige Schnauzbart fehlte.

Kaum waren die Fremden weggeritten, brach ich, das kleinste der Kinder, in Tränen aus, die anderen aber in Gelächter. Vater beschimpfte die Lacher nicht, er sagte nur verlegen: »Sie haben mich falsch verstanden.« Ich wurde noch lauter, da Vater, vor einem Augenblick noch unter dem blitzenden Messer der Fremden und nun unter dem schallenden Gelächter der eigenen Kinder, ohne den gewohnten Schnauzbart, nun so schmal und verloren aussah.

Später erfuhr man, dass es sich da um zwei sowjetische Grenzsoldaten gehandelt hat, die sich wer weiß weshalb im Lande bewegten. Vaters Bart wuchs nach, aber viel zu langsam. Denn die ganze Zeit musste er Mutters Schelte erdulden: »Du alter Hasenfuß, hast wohl gedacht, wenn du dich wehrst, schneiden sie dir die Kehle durch!« Aber vorher hatte sie sich gründlich ausgelacht wie jeder, der den Entbarteten sah. Als sie heimkam und erfuhr, was da vorgefallen war, fiel sie um und wälzte sich vor Lachen. Am Abend mussten wir sogar die Kälbchen an die Euter der Yakkühe lassen, weil Mutter noch immer lachte und lachte und ans Melken überhaupt nicht zu denken war.

Als ich viele Jahre später in Begleitung der Eltern zu dem Postauto ging, mit dem ich die erste der vielen Strecken auf dem Weg in das stockfremde Land zurücklegen sollte, nahm mich Vater einen Augenblick beiseite: »Sei vorsichtig, mein Kind, wenn du dich zunächst mit Händen und Füßen verständigen musst.«

Dabei zitterte seine Stimme, und mir war sehr zum Weinen zu Mute.

Mein Onkel S.

Mein Onkel S. entstammte der reichsten Familie im Tuwa-Lande. Er war deren jüngster Sohn und daher ordentlich verhätschelt. Mit dreizehn noch bekam er von den Eltern das Gesicht gewaschen und die Nase geputzt, da er es von selbst nicht tat. Mit vierzehn tat es ihm ein um zwei Jahre älteres Mädchen sehr an. Die Erwachsenen mussten ihm die frühe Heirat gestatten, da er sonst am Ende womöglich noch Wälder gebrandschatzt und Seen vergiftet hätte, so verwirrt war der.

Als er dann verheiratet war, fand man ihn oft am Herd eingeschlafen. Die Frau musste ihn ausziehen und ins Bett schaffen. Ein Jahr später hieß es: »Hat die Welt je so etwas gesehen! Der hat dem Neugeborenen den Kopf mit Ruß beschmiert, da es ihm ohne Haar zu hässlich vorkam!«

Immer wieder gaben ihm seine Eltern Vieh, aber es dauerte nicht lange, und er war von neuem in aller Munde: »Der schleppt sich schon wieder am Stock. Eine Schande für die Eltern. Man wird es wohl noch erleben, dass ihm die Kinder zu Hause verhungern!«

Onkel S. wurde immer ärmer, aber seine Kinder – er hatte deren vierzehn – verhungerten auch dann nicht, als ihm die reichen Eltern nicht mehr reichlich gaben und er ihr letztes Pferd in den Schlamm getrieben hatte.

Eine Zeit lang ernährte der Onkel sich und die Kinderschar mitsamt der gebärfreudigen Frau auf einem sehr direkten Wege: Er nahm den Mitmenschen das Vieh und sonstige Besitztümer einfach weg. Machte man ihm dann Vorwürfe, prustete er sich auf. »Leben wir denn immer noch im Feudalismus? Es steht geschrieben, dass jegliche Reichtümer ohne Unterschied allen Menschen gehören!«

Viele stockten zunächst. Als man dann doch dahinter kam, dass es mit den neuen Gesetzen nicht ganz so großzügig stand, drohte dem Täter ein Gerichtsverfahren. Da band er ein paar aus der Fressmeute an einen langen Strick und machte sich mit ihnen auf den Weg zu den höheren Stellen. Bei diesem Anblick des Elends hielten die Leute die Zungen im Zaum, obwohl sie ihnen juckten, und manch einer machte sogar ein Schäfchen oder ein Kälbchen am Strick fest.

Später verlegte sich der Onkel auf den Handel, und hier erwies er sich als echter Könner. Es begann mit einem altersschwachen Gaul, den ein Vorbeireisender zurückgelassen hatte und keiner haben wollte. Onkel S. goss ihm einen ganzen Eimer Milchbranntwein in die Nüstern, sodass er anfing wie wahnsinnig zu tänzeln, und begab sich an eine Wegkreuzung, wo Menschen aus nah und fern vorbeizogen. Am Abend kehrte er mit einer tragenden Stute und einem Gewehr zurück. Wenige Tage darauf fohlte die Stute und Onkels Sattel prangte auf dem Rücken eines jungen fetten Wallachs, den er gegen das alte Gewehr eingetauscht hatte.

Diese Geschichte muss dann reichlich ausgeschmückt weitererzählt worden sein. Einmal kehrte ein Kasache in unserer Jurte ein, dem man schon am Gesicht ansah, dass er der Teufel in Person war. Dieser Teufel stellte sich als Keles vor, was unseren Vater erschrocken zurückfahren ließ. Den Namen kannte man. Es handelte sich hier um den listigsten Händler, den schamlosesten Betrüger – Dieb, Schurke, Hochstapler in einer Haut. Nun war er gekommen, um Onkel S. kennen zu lernen, weil er gehört hatte, dass sich hier eine junge Begabung offenbarte, wie er es nannte.

Unser Vater eilte schnell zum Onkel hinüber, um ihn vor dem gefürchteten Kerl zu warnen. Dieser aber durchschaute die Absicht – er setzte seine Tasche voller Teeziegel ab und blieb dem Jurtenherrn auf der Ferse.

Keles schritt mit ausgebreiteten Armen auf Onkel S. zu, drückte ihn an sich wie einen Bruder, den er Jahre nicht gesehen hatte, und stellte sich vor: »Es ist Keles, den du vor dir hast. Er ist gekommen, um sich mit dir zu verbrüdern, da ihm ans Ohr drang, du bist eine Begabung.«

Während des Tees, der zu Ehren des Gastes gekocht und darauf mit ihm getrunken wurde, saßen die beiden wie Brüder beisammen und unterhielten sich eifrig, bis der Teufel mit seinem eigentlichen Anliegen herausrückte: »Was gibt es bei dir einzuhandeln?« Der Onkel zog ein blaues Tuch aus der Hosentasche und legte es Keles auf die Hand: »Dies zum Beispiel.« Als Keles das Tuch aufwickelte und man sah, was drinnen war, entfuhr unserem Vater ein Ruf: »Bist du denn wahnsinnig geworden? Vaters Ring!« Sein Bruder winkte lässig ab: »Was regst du dich wegen diesem Tand auf? Der Bruder ist von weit her mit ehrlichem Gefühl gekommen.« Keles verstand sofort und klopfte dem Bruder auf die Schulter: »Mannesworte!« Der Warner sprang auf und verließ beleidigt die Jurte.

Keles sagte: »Hundert.« Der Onkel hörte nicht. Keles: »Zweihundert.« Der Onkel schien noch immer nicht zu hören. Keles: »Dreihundert.« Der Onkel lachte: »Lieber würde ich ihn in den Fluss werfen, wenn ich nicht Angst hätte, die Fische würden bei dem Anblick die Sprache finden.« Keles: »Vierhundert. Aber das ist mein letztes Wort.« Der Onkel wickelte den Ring wieder in das Tuch ein. Keles: »Fünfhundert: Du irrst dich, Bruder, wenn du glaubst, ich würde noch einen Schritt weiter gehen.« Wortlos reichte ihm der Onkel das Tuch. Keles drückte ihm die Scheine in die Hand.

Die Bruderschaft währte aber nicht lange, denn kurz darauf machte der Onkel ein schuldbewusstes Gesicht und stotterte unglücklich: »Bitte, Bruder, gib ihn wieder her! Hier ist dein Geld. Es tut mir Leid, aber ich habe plötzlich Angst bekommen vor meinem großen Bruder.«

Keles, sprachlos, stand da wie aus Holz, fand dann doch zurück zur Sprache: »Ich habe mich in dir geirrt, ich dachte, ich hätte es hier mit einem Mann zu tun, sehe nun aber, ich habe vor mir einen Hosenscheißer.« Der Onkel, der das Tuch schon eingesteckt und das Geld zurückgegeben hatte, flüsterte gequält: »Ja, das bin ich wohl, habe aber zu viel Angst vor dem Großen.«

Dann fiel er plötzlich in einen so flehenden Ton, dass wir meinten, er würde gleich anfangen zu weinen: »Versprich mir bitte, Bruder, deswegen nicht gekränkt zu sein!« Der Teufel zitterte am ganzen Körper und zischte: »Gekränkt? Ja, allerdings!« Der Onkel zog ein erbärmliches Gesicht, packte den andern am Ärmel: »Nein, das will ich nicht. Nimm ihn denn. Um unserer Bruderschaft willen.«

Damit zog er das Tuch wieder aus der Hosentasche und reicht es ihm. Keles' Gesicht leuchtete auf, er befühlte das Tuch, drückte dem Onkel die Scheine wieder in die Hand und machte sich eilig davon. Man sah, er hatte Angst, der Mensch könnte seine Worte wieder zurücknehmen.

Am Abend kam der Onkel zu Vater und zeigte ihm den Ring: »Hältst du mich für so dumm, dass ich den weggeben würde?« Der große Bruder erschrak, der kleine aber beruhigte ihn: »Der berühmte Keles wird doch nicht darüber reden, dass er einem Hosenscheißer einen rostigen Eisenring abgeluchst hat für ganze fünfhundert. Das wäre zu schändlich.«

Onkel S. hatte Recht. Der Teufel ließ sich nie wieder blicken.

So ging es immer weiter und immer zu Onkels Vorteil. Aber wie gewonnen, so zerronnen – Onkels blieben arm. Einmal schimpfte unser Vater mit ihm: » Du kannst bei diesem verfluchten Geschäft noch so sehr Gewinne machen, ein armer Schlucker bleibst du doch.« Der Bruder lachte. »Ich treibe das Geschäft ja nur, weil er mir Spaß macht!« Ich meine, das konnte zumindest in einigen Fällen durchaus zutreffen.

Einmal hatte der Onkel einen sehr schönen Schimmel in Aussicht. Dann kam er jedoch nicht mit dem Pferd, sondern mit einem Sackfetzen, in den hundert kleine Messer eingewickelt waren. Und so begründete er seinen Entschluss: »Mit einem Pferd kannst du nur einmal handeln, gesetzt den Fall, dir krepiert das Tier nicht vorher; mit diesem Sack aber kannst du es ganze einhundert Male tun.«

Dass ihm sein Beruf nicht nur Gewinn, sondern auch Vergnügen brachte, beweisen mir heute die vielen lustigen Geschichten, die er uns Kindern damals erzählte, wenn er von seinen Geschäftsreisen zurückkehrte. Eine davon ist mir besonders lebhaft in Erinnerung geblieben. Der älteste Sohn des Onkels hatte, als er vom Militärdienst heimkehrte, eine vollständige Uniform mitgebracht. In einen Sack verpackt, führte der Onkel sie stets mit sich, wenn er ausritt.

Obwohl in jenen Gegenden ein sehr großzügiges Gastrecht herrschte, war es doch oft ziemlich ungewiss, ob man es bei jeder Familie, die einen über Nacht aufnahm, so traf, wie man es sich gerade wünschte.

Der Onkel wusste das natürlich, und er sorgte dafür, dass er überall aufs Zuvorkommendste behandelt wurde. Wenn es dem Abend zuging, zog er die Uniform an, steckte den Schafsunterkiefer in die Fahrradwerkzeugtasche – eine eigene Konstruktion – in den Seitenschlitz, sodass man ihn für eine Pistole im Halfter halten könnte, und ritt auf die fremde Jurte zu.

Die Gegend dort ist ausschließlich von Kasachen bewohnt. Und im Allgemeinen ist der Kasache nicht des Mongolischen mächtig. Also spielte er den Mongolen und gab den Leuten zu verstehen, dass er kein Kasachisch verstünde. Sie müthen sich dann auch nicht weiter, mit ihm in ein Gespräch zu kommen, sondern schlachteten schnell einen Hammel und behandelten ihn wie einen neuzeitlichen Fürsten, weil sie ihn für einen von der Staatssicherheit hielten. Am Morgen, wenn er erwachte, hockte die Jurtenfrau schon mit dem duftenden gepfefferten und gesalzenen Milchtee am Herd und wartete darauf, dass er aufstand. Und wenn er aus der Jurte trat, fand er sein Pferd bereits gesattelt vor.

So fuhren die Geschichten fort. Und das, was sich zwischen Onkel S. und seiner Frau abspielte, war ohne Übertreibung in der ganzen Gegend beliebtester Gesprächsstoff.

Der Mensch ist sehr eifersüchtig. Daher zankt er sich täglich mehrmals mit seiner Alten. Und ebenso oft gibt es natürlich Versöhnungen.

Einmal wollte sich der Onkel erhängen, weil ihm die Tante nicht genug Achtung entgegenbrachte, wie es da hieß. Er scheuchte uns Kinder, die wir uns den Streit mit angehört hatten, aus der Jurte und verriegelte die Tür von innen. Die Tante blieb vor dem Bett sitzen und ließ sich von dem, was er tat, nicht stören. Wir äugten durch eine Spalte neben der Tür hinein. Die Erwachsenen aus den Nachbarjurten hatten sich offenbar an die ewigen Streitereien gewöhnt, jedenfalls scherten sie sich nicht mehr darum. Wir Kinder aber gewannen immer mehr Geschmack daran und verbrachten unsere Tage vor Onkels Jurte. Diesmal fanden wir es besonders reizvoll, da wir noch nie gesehen hatten, wie sich jemand aufhängte. Wir drängelten uns um die Türspalte, da jeder der Erste sein wollte, und schrien den anderen zu, was wir gerade sahen, damit möglichst viele an unserem Spaß teilhatten. Es glich einer modernen Berichterstattung und lautete etwa so:

»Achtung, Leute, der Onkel will sich aufhängen!«

»Eben ist er auf den Hocker gestiegen!«

»Jetzt bindet er den Strick am Dachreifen fest!«

»Macht Schlinge am Strickende!«

»Steckt gerade den Kopf durch die Schlinge!«

»Achtung, Achtung, gleich wird er vom Hocker herunterspringen!«

Aber unser Held zögerte. Da fingen wir an zu grölen. Der Tante wurde es offenbar zu viel, sie sprang auf: »Krepier doch endlich, sonst werden wir noch zum Gespött der Leute!« Damit stieß sie den Hocker unter seinen Füßen weg.

»Jetzt hängt er, hängt am Strick, Leute!«

Der Onkel zappelte und versuchte die Schlinge zu lockern. Da riss der Strick.

»Strick ab!«

Der Onkel lag regungslos am Boden.

»Er liegt am Boden, wahrscheinlich tot!«

Jetzt eilte man endlich herbei, und als die Tür nicht aufging, beschimpfte man die Tante von draußen: »Wir haben ja gewusst, dass es eines Tages so enden wird!«

Die Tante rief verlegen zurück: »Aber er lebt doch, Leute, er tut nur so!« Sie beugte sich über ihn und versuchte ihn hochzuheben. Er hing schlaff in ihren Armen wie ein frisch erlegtes Murmeltier. Da sahen wir, dass sich die Spur des Strickes deutlich um seinen Hals abzeichnete.

Später hörten wir, wie er sich bei Vater beklagte: »Dieses Weib hat gewollt, dass ich durch den Strang sterbe. Wenn du mir nicht glaubst, so frag die Kinder.« Wir schrien: »Ja, das stimmt. Tante hat den Hocker unter seinen Füßen weggestoßen. Aber zuerst wollte er es selber. Ihm hat nur der Mut gefehlt.«

Tante flüsterte Mutter zu, dass er richtig bewusstlos gewesen sei.

Einmal prügelten sich die beiden. Es war früh am Morgen, und wir rannten herbei, weil wir Hilfeschreie gehört hatten. Die Tante sollte erdrosselt werden. Wir Kinder konnten nichts tun. Aber auch die Erwachsenen standen einfach da, obwohl die Tante längst röchelte. Sie wagten nicht einzugreifen, da wohl der Onkel nur eine Unterhose und die Tante auch nicht viel mehr anhatte. Als die Tante noch heftiger röchelte und ihr trotzdem niemand zu Hilfe kam, sprang eines von uns Kindern hin und zog ihm die Unterhose herunter. Die Mädchen und Frauen rannten mit entsetztem Geschrei davon, und wir sahen verwundert zu, wie der splitternackte Onkel die Tante weiterwürgte, ohne sich durch unsere Gegenwart im Geringsten stören zu lassen.

Eines Abends kam der Onkel in unsere Jurte und beschwerte sich unter strömenden Tränen bei Vater: »Die Tochter hat ihr erstes Geld verdient. Den Schnaps, den sie davon gekauft hat, gießt sie natürlich zuerst der Mutter ein, und dann erst mir. Ich habe ja immer gewusst, dass die Kinder sie mir vorziehen.«

Er wollte nie wieder zu seiner Jurte zurück. Mutter machte ihm eine Schlafstätte zurecht, aber nicht lange nachdem die Kerze ausgeblasen war, stand unser nächtlicher Gast auf und ging.

Als ich in den Ferien wieder in der Heimat war, kam die ganze Verwandtschaft, um mich zu begrüßen, Onkel S. zuallererst. Seine erste Frage war, ob in Leipzig das Vieh gedeihe und ob die Murmeltiere bald auch schwarze Grannen bekämen.

In den letzten Jahren war Onkel S. ziemlich unpässlich. Eines Winters war sein Zustand so ernst, dass man das Schlimmste befürchten musste. Da erzählte er, wenn er diesmal mit dem Leben davonkäme, wollte er in der ersten Frühlingswärme mit zwei Wechselpferden nach Deutschland aufbrechen. Dort wären die Ärzte bestimmt besser als bei uns, und sobald er wieder wohlauf sei, würde er die Pferde verkaufen und für das Geld mit mir zurückfliegen.

Als man ihm erklärte, dass Deutschland viel zu weit entfernt sei, erwiderte er: »Dschingis Khans Soldaten waren ja schließlich dort. Und sie hatten auch nur Pferde. Heutzutage ist es einfacher – ich brauche unterwegs keine Kriege zu führen. Überall sitzen nur Freunde, habe ich im Radio gehört. Sie werden mir schon helfen, sollte mir mal das Trockenfleisch ausgehen.«

Der vierzehnte Griff beim Ringen

Man spricht von dreizehn Griffen, die man als Ringer beherrschen müsse. Onkel S. kannte einen vierzehnten. Den verriet er mir, nachdem ich für ihn eine Schachtel Streichhölzer aus Mutters Vorrat geklaut hatte. Das war gerade die streichholzrare Nachkriegszeit, und ich war ein erfolgloser Ringer, muss man dazu wissen. Der Griff bestand darin, dass ich meinem Gegner so plötzlich wie möglich nach dem Hodensack greifen und ihn hochwärts ziehen musste, bis er umfiele. Auf diese Weise hatte der Onkel, als er noch klein war, stärkeren Gegnern erfolgreich getrotzt.

Gleich ging ich also auf einen der bis dahin Unbezwingbaren los: Ich ließ mich von ihm packen und griff ihm dann urschnell zwischen die Beine und spürte den Schlüssel zum Erfolg schon in den Krallen! Der Kerl war davon so überrascht, dass er mit einem dumpfen Gebrüll und zwei verdrehten Augen umfiel. Noch lauter brüllten und schüttelten sich vor Lachen die Zuschauer, denn der Verlierer war sichtbar älter und größer als ich und hatte bisher zu den besten unter den angehenden Ringern gezählt. Nun erhob er sich unter Gelächter und Gepfeife der Umstehenden, kreideblass vor Scham und Schmerzen, und verließ das Kampffeld.

Der Griff zeigte sich als teuflisch – keinem, der darauf mit mir rang, erging es anders: Fast zur Ohnmacht erschrocken, fiel er aufs Kreuz, um dann von den anderen bis auf die Tränen angepöbelt zu werden. Das Schlimmste für den Verlierer war: Er konnte nicht verraten, was ihm widerfahren war. Welcher werdende Mann hätte auch gewagt zu gestehen, dass er am Säckchen gepackt worden war! Und doch konnte keiner von außen ersehen, was unter dem weiten Trachtsaum geschah. So blieb jeder, der noch nicht dran war, bis zuletzt ahnungslos vor dem, was ihn erwartete. Die, die schon Erfahrung damit hatten machen müssen, standen jetzt dabei und lachten wohl umso lauter, womöglich, weil das Schändliche nicht nur mit ihnen geschehen war.

Allein, mein plötzlicher Erfolg hielt nur kurz an. Denn nachdem jeder einmal mit mir seine Erfahrung gemacht hatte, wurde er schnell vorsichtig und wusste sich schon zu verteidigen. Nun ging er überlegt auf mich los und war unerbittlich und schonungslos mir gegenüber. Eine Zeit dicht liegender, bitterer Niederlagen brach über mich herein, und das war traurig.

Noch trauriger war, es sollte erst noch viel Wasser die Flusstäler herunterlaufen, bis ich begreifen konnte, dass gekaufte Erfolge früh oder spät aufhören, Erfolge zu sein und eines Tages Niederlagen aus ihnen hervorgehen, so unvermeidlich, wie aus dem Mist Maden emporkriechen, auch wenn um ihn herum schönstes Seidengras gedeiht.

Gipfel

Als Erstes auf dieser Welt habe ich wohl die Besch Bogda gesehen, die, fünf Herzen gleich, vom Rand der Erde in den Himmel emporgewachsen waren. Denn morgens, wenn man aus der Jurte trat, erblickte man zuerst sie, schon sonnenglänzend, während die Täler noch in Dämmerung getaucht lagen. Selbst nachts, wenn im Westen keine Wolken standen und man unter dem Wind der Pferdeherde aus einem Schlummer erwachte, sah man als Erstes die schimmernden Gipfel, über denen ein Tupfen Tag noch zu wachen schien.

Die Besch Bogda, so hieß es, seien die höchsten unter allen Bergen.

Wenn jemand in der Sippe erkrankte und auch nach dem Eingreifen der eigenen Schamanin nicht genas, dann wurde Togad geholt. Er war stark und groß, trank und vertrug viel, und wenn er endlich betrunken war, hörte man ihn mit den Zähnen knirschen, wie ein tollwütiger Kamelhengst zur Brunftzeit. Ihn unterschied ein großes rotes Muttermal auf der Stirne von gewöhnlichen Menschen, und man nahm an, er sähe damit Dinge, die andere nicht zu sehen vermochten. Wenn er schamante, ging es feurig und polterig zu: Er holte mit bloßen Händen glühende Kohlestücke aus dem Feuer, wusch sich damit das Gesicht und fiel schließlich schreiend um. Die Menschen in der Jurte hockten ehrfurchtsvoll mit zusammengelegten Händen da und hörten ergeben, was er unter wilden Zuckungen schrie. Selbst Vater, den ich für den stärksten und mutigsten Menschen überhaupt hielt, bat den Zuckenden und Bockenden kümmerlich sanft um Auskunft und verneigte sich dabei so tief, dass seine Stirn beinah die Erde berührte. Am nächsten Morgen sah man bei dem Mann keine Spur von Verbrennungen, weder an den Händen noch im Gesicht.

Er schüttete einige Kannen Milchbranntwein in sich hinein, verschlang eine ganze Hammelkeule, steckte alles ein, was nach seinem Gutdünken den Leuten Unheil brächte: eine Silberschale oder eine Pfeife mit einem Specksteinmundstück oder manchmal gar ein Pferd. Anschließend ritt er halb singend, halb schamanend davon.

Togad, so hieß es, sei der mächtigste unter allen Schamanen.

Als ich, den Mund voller Milchzähne noch, in die Schule kam, sah ich zum ersten Mal ein Haus. Das war das Schulgebäude, unten Stein, oben Holz, und darüber ein Blechdach. Es hatte acht Räume, und in einem davon saßen wir, dreiundzwanzig Kinder, an Tischen und Bänken, und trotzdem gab es noch Platz.

Ich hielt es für ein sehr großes, ja, das größte Haus, das es je geben könnte.

Das alles war vor einem halben Menschenleben. Mittlerweile habe ich einiges in der Welt gesehen, und vom Zusammenhang der Dinge erfahren, und so weiß ich, dass gegen Krankheiten eine Prise Pulver mitunter besser helfen kann, als ein lärmender und umherspringender Schamane. Ich bin zu einem erweckten, erfahrenen Menschen geworden.

Nun komme ich wieder in die Heimat. Das Schulgebäude ist abgerissen, weil es nicht mehr groß und gut genug war; die Kinder der neuen Zeit halten den Schutt auf den sechzehn mal acht Schritte großen Platz womöglich für den Rest einer Scheune; der Schamane ist im Gefängnis gewesen, da er Menschen betrogen und ausgenommen hat, und lebt nun klein und vergessen.

Allein die Besch Bogda ragen, fünf flammenden Herzen gleich, seit eh und je in den Himmel; beim Abschied von der

Heimat hat mein letzter Blick ihnen gegolten, bei der Ankunft in der Heimat sehe ich sie als Erstes. Sie sind geblieben. Freilich weiß ich jetzt, sie sind nicht die höchsten Berge der Erde, aber sie bilden den Erdgipfel mit, und das ist viel.

Wie viele falsche Gipfel wird mir die kommende Zeit einstürzen lassen und wie viele wahre erhalten?

Es war, es ist

Im letzten Jahr der Grundschule bekamen wir einen Lehrer, der seine Vorgänger in manchem übertraf, wenn es um die Züchtigung ging:

War einer noch nicht auf seinem Platz, wenn er, der Lehrer, in der Tür erschien, hatte er so lange um den Schulhof zu rennen, bis er nicht mehr konnte; fiel er dabei um, wurde er an den Ohren hoch und dann bis ins Klassenzimmer fortgezerrt.

Wusste einer die messerflach und -gerade gelegten Hände nicht auf der Bank übereinander zu halten, hatte er sich mit ausgestreckten Armen vor die Klasse zu stellen – krümmten sie sich irgendwie, was schnell geschehen konnte, wurde das faule Fleisch und dessen ermüdende Knochen schnell und hart vom Lehrerstock getroffen.

Hatte sich einer an einer Schlägerei beteiligt, hatte er hochzuheben und über dem Kopf zu halten den schweren Lärchenholzhocker, der eigens nur zu dem Zweck da zu sein schien, da er sonst unbenutzt in einer Ecke stand.

Zeigte einer bei der Hygienekontrolle unsaubere Füße, hatte er barfuß auf dem eiskalten Fußboden stehen zu bleiben, bis alle wieder angezogen waren.

Derselben Ordnung mit den eisernen Vorschriften glaubte ich zwölf Jahre später erneut zu begegnen. Das war in einem anderen Land, und ringsum lag und vermoderte eine vergangene Zeit. Und da führte eine pfeilgerade, steinerne Straße auf ein mächtig großes und schweres Tor zu. Ich dachte: Es war, und es ist. Da kam mir der Unterschied zwischen fremd und daheim, braun und rot vernichtend gering vor.

Fischfleisch

Wir Kinder einer Schulklasse, zumeist Jahrgang dreiundvierzig, warteten sehnsüchtig auf das Jahr neunzehnhundertneunundfünfzig. Denn da sollten wir sechzehn werden, und wer diese Altersgrenze erreichte, gehörte zu den Jugendlichen. *Endlich kein Kind mehr!* lautete da der Spruch, den einer irgendwann an einem der ersten Tage des neuen Jahres geprägt haben musste und den wiederzukäuen wir nun entschlossen lebten.

Nun wähnte sich ein jeder von uns auf der Vorstufe zur Jugend und nahm sich schon so manches heraus. Das machte die Schulklasse insgesamt übermütig, was den Lehrern nicht entgehen konnte. Beschwerden an den Klassenlehrer häuften sich.

In jenem denkwürdigen Frühwinter entdeckten wir eines Tages in der Tür den Schuldirektor. Er, als sehr streng bekannt und außerdem ein bekannter Ringer mit dem Titel eines Bezirkselefanten, stand dort und beobachtete die Klasse mit zusammengekniffenen Augen, beide Hände tief in den Manteltaschen vergraben.

Wir hatten gerade Zeichenstunde, und da durfte gewöhnlich so ziemlich alles getan werden – der gutmütige alte Lehrer pflegte seine ellenbreite Zeitung bis zum Klingeln in tiefer Versunkenheit zu beschauen und vergass dabei offenkundig uns und das Bildchen, das wir aufs Papier zu setzen hatten.

Nun aber stand statt ihm höchstpersönlich der Genosse Schuldirektor da, vor dem selbst die Lehrer, wie ein ungegerbter Landmensch sagen würde, die Ärsche zusammenkniffen, und beobachtete uns. Er blieb dort so lange stehen, bis alle ihn entdeckt hatten und eisige Stille sich des Raumes bemächtigt hatte. Dann aber trat er ein und sprach sachlich: »Euer Zeichenlehrer ist krank. Doch wir wollen die wertvolle Zeit nicht ungenutzt vergehen lassen. So wollen wir wenigstens etwas für die Hygiene tun.«

Die Worte wirkten erlösend, bewirkten ein allgemeines Aufatmen. Aber o Schreck, als er auf einen, der ihm am nächsten stand, zuging und ihn mit der Linken am Haarschopf fasste und gleichzeitig aus der Manteltasche eine große blanke Schere mit seiner Rechten zückte!

Was dann geschah, ging schneller vor sich, als es erzählt werden kann und es war mehr, als was wir von allen bösen Lehrern dieser Welt zusammen erwartet hätten: Das gähnende Eisenmaul griff um den Scheitelbusch, biss zu, und das Haar löste sich in armseligen Büscheln vom Schädeldach und rutschte, einer Lawine gleich, stumm und langsam, auf die Schultern. Darauf hastete der gewaltige Mann, die Schere in der Hand, zum Nächsten. So ging es weiter. Die Haare, die man sich endlich hat lang wachsen lassen und auf die man so stolz gewesen ist, wurden heruntergemäht, wie es einem schien, mit einer blindwütigen Gier, so wie das Wiesengras am ersten Abend auf der Herbstweide von der Yakherde kahl gefressen und mit fast einer Todeshast heruntergewürgt wurde. Das gefräßige Vieh hinterließ eine kahle Spur, denn das Gras war verschwunden, während hier zu den kahlen Spuren auch noch die abgemähten Haarbüschel kamen.

Das war bei den Jungs. Bei den Mädchen hingegen wurde einer der beiden Zöpfe an der Wurzel durchgeschnitten, und hing, da er durch die Haarschleife mit dem anderen, heilen verbunden blieb, so herunter und baumelte am Rücken.

Keiner kam auf den Gedanken, sich dem zu widersetzen. Und alle, die sich noch vorhin so erwachsen gefühlt hatten, standen nun hilf- und ratlos da und greinten hemmungslos wie aus einer Kehle.

Nächsten Tages erschien der Haarmäher erneut, allerdings in einer anderen Stunde. Diesmal stand der unterrichtende Lehrer daneben. »Wer kann mir bitte sagen, was ihr seid?«, fragte der Genosse Direktor und wartete. Die Klasse schwieg und glich dabei einem zuckenden, sterbenden Körper. Aber der Fragesteller wartete geduldig auf die Antwort, und dies dauerte so lange, bis eine sich meldete, von der man es am wenigsten erwartet hatte, denn es handelte sich da um eine Unscheinbare, die sich durchgehend nur mit mittelmäßigen Zensuren begnügen musste. Und ihre Antwort lautete: »Fischfleisch.«

Der Direktor wiederholte das Wort wie für sich, überlegte und sagte darauf: »Weder Fisch noch Fleisch wolltest du damit also sagen. Gut, sehr gut sogar! Damit ihr es wisst, Freundchen: Genau das seid ihr – Fischfleisch, weder noch, nichts außer der Überheblichkeit, die aber eure schwächlichen Körperchen und wasserhaltigen Hirnchen füllt und sie gewaltig aufbläht!«

Darauf wandte er sich an den Lehrer, der betreten dagestanden und geschwiegen hatte: »Belohnen Sie die Schülerin, die geantwortet hat, mit einem Sehr gut!« Dieser schlug ergeben das Klassenbuch auf und malte darein eine dicke Fünf.

Es ist die Mathematikstunde gewesen, und ich bin bereit, Gift darauf zu nehmen, denn es muss die erste Fünf gewesen sein, die das unscheinbare Mädelchen für sich hat verbuchen dürfen.

Eins mit der Technik

Dort, wo bislang die Urzeit über alles gebrütet und der Mensch sich angesichts der Fernen einzig auf die Stärke und Schnelligkeit des Pferdes hat verlassen müssen, wohin aber nun mit einem Mal die tickende Uhrzeit und die tuckernde Motorentechnik einzudringen begannen, geschahen mitunter seltsame Dinge. Da himmelten die einen nach wie vor die Berge und Steppen, die Gewässer und Wälder an, während die anderen die gleiche Duselei und Dudelei mit all dem betrieben, was irgendwie nach Neuem ausschaute und nun in ihre Welt mit Wucht und Wut hereinbrach.

Unser Bezirk, der am bergigen Rand des weiten Landes liegt und wohl daher dem sich stürmisch vorwärts drängenden Mittelteil des weltweit zweiten sozialistischen Staates immer ein wenig nachzuhinken schien, selbst dieser hatte mittlerweile mehr Autos und Motorräder als der Himalaya an Yetis und der Loch Ness an Nessies zusammen. Denn den Nachrichten zufolge hatte noch kein Mensch weder einen lebenden Schneemenschen noch ein bebendes Wasserungeheuer angefasst, ich aber hatte jede Menge Autos, bei uns Maschin genannt, wie alle anderen: Haare schneidende, Stoffe nähende, Fleisch quetschende und sonstige Maschinen auch, aus der nächsten Nähe sehen, abtasten und gar beschnuppern dürfen – hatte sogar zweimal darauf gehockt, und es hatte mich samt zwanzig, dreißig anderen Menschen über Berge und Steppen getragen. So konnte man, wenn man Glück hatte, in der Bezirksstadt, wo ich seit einiger Zeit lebte, jede Stunde eine der fahrenden Kisten sehen oder zumindest sie irgendwo brüllen hören. Kurz, wir hatten sie und waren immer noch geneigt, jedes Stück davon schlechthin für ein Wunderstück des Fortschrittes zu halten. Und wir hatten Menschen, die zu diesen standen und passten, die, wie sie es selber stolz nannten, eins mit der Technik waren. Und in der Meinungerei, da Zeitung und dort Radio genannt, wurden sie betitelt: *Beherrscher der Technik*. Und von solch einem soll hier die Rede sein.

Der Mensch hieß Baatar, übersetzt: Held. Und er selber musste sich tatsächlich wie ein Held vorgekommen sein. Uns Jünglingen von elf, zwölf Jahren war er es auch, der Held, den alle Zeiten und Staaten eigentlich schon immer brauchten. Und dieser Held einer anbrechenden Epoche, gestellt vor die Lebensaufgabe, die vorhergehende zu zerstören, führte den Beinamen *Benzintrinker*. Und das ist hier wörtlich zu nehmen.

Eines Tages hieß es, soeben wäre in den Schulhof der berühmte Mann eingefahren, von dem man schon allerlei gehört hatte, und auch dies: Er würde sich mit der Technik, die er beherrschte, mittlerweile so sehr eins fühlen, dass er die Übernachtung in dem Fahrerhäuschen seines Halbtonners selber der in der eigenen Behausung vorziehen würde, und dies, auch wenn nebenan die geräumige, sechswandige Jurte der Frau und dem halben Dutzend Kinder stünde, die übrigens ausschauten, als wenn sie eines nach dem anderen ihm aus dem Bein gebrochen wären – der Mensch hatte bei all den Vorzügen kurze, krumme Beine. Weiter hieß es, er würde mit der Technik, die er ja liebte, auch alles teilen: die Lust und die Last des Lebens bei Licht und bei Schatten bis hin auf die Nahrung oder besser: das Getränk – was schlichtweg hieß: Der Mensch trank Benzin! Wovon viele redeten, woran aber die wenigsten glaubten.

Nun sollte dieser seltsame Mensch, der Held hieß und vielleicht auch einer war, zu sehen und womöglich sogar anzusprechen sein! Solches lässt man sich nicht zweimal sagen – also rannten wir sogleich hin. Ja, es musste schon ein merkwürdiger Kerl sein – jung noch an Jahren, klein und dürr und krummbeinig eben, eigentlich ganz und gar unähnlich dem Helden, den wir uns vorstellten. Aber er hatte die Bewegungen einer Made in versäuertem Milchrahm, war flink, denn er putzte mit einem riesigen ölgetränkten schwarzbraunen Lappen den Laster, der, wie sein Fahrer auch, klein und fesch, sehr herausgeputzt aussah. Wir umringten und bestarrten die beiden, nicht wissend, wie die Frage herauslassen, brennend aber auf die Antwort darauf.

Da kam der Mensch, der nicht viel größer als manch eines von uns Kindern der fünften Klasse wirkte, aber die Frechheit in Hemd und Hose zu sein schien, selber uns zu Hilfe. Denn er sagte, ohne sich erst nach uns umzudrehen, und dies mit einer pissig-galligen Fistelstimme: »Na, was gafft ihr denn, ihr Hosenscheißer? Ist einem von euch etwa ein Auto oder ein Mensch abhanden gekommen?« Man muss wissen, auch unter uns waren so manche Frechlinge. Und so kam schnell die Antwort auf die Frage: »Es heißt doch, Sie würden Benzin trinken. Woran wir Schüler, die auf dem Wege des Wissens schon das fünfte Jahr wandern, nicht und nimmer glauben können.«

Der Mensch schien überrascht, denn er hatte sich nach uns umgedreht, und die dünnen Nüstern seiner knochigen Nase bebten. Endlich fand er dann die Sprache: »Das war nicht wirklich gesprochen, sondern aus dem Arsch am falschen Ende gefurzt – wer war denn das, der so einen hat fahren lassen?« Nicht, dass seine Worte uns eingeschüchtert hätten, nein, sie schürten in uns die Frechheit, und so kam schnell der Gegenschuss: »Gleich, wer es gewesen ist. Die Frage betraf Benzin. Sie aber reden vom Furzen. Ich sehe, mein Vater hat Recht!«

»Wer ist dein Vater? Und womit soll er Recht haben?«

»Sinnlos, Onkelchen. Mein Vater ist ein Ringer, ein Bezirkselefant. Er könnte Sie samt Ihrem Autofohlen hochheben und umwerfen, wenn Sie uns weiter ärgern. Er ist ohnehin ärgerlich auf Sie, denn er meint, wer solchen Unsinn wie die Benzintrinkerei in Umlauf bringt, muss ein Angeber sein!«

Das verschlug dem berühmten Zwerg die Sprache. Er versuchte ein-, zweimal den Anlauf zu Worten zu nehmen, was aber nicht gelang. So trippelte er stammelnd um das Auto herum, riss die Tür des Fahrerhäuschens auf und sprang madenhaft schnell darein. Manch einer nahm schon Ausreiß, denn wir dachten, dass er gleich den Motor anlassen, losfahren und uns Frechdachse niederwalzen würde mit seinem Laster, der, verglichen mit manch anderen, kleiner ausgefallen war, uns aber dennoch mordsschwer vorkam. Der Motor blieb still, und der Mensch sprang wieder herunter, in einer Hand eine Flasche, in der man deutlich eine rötliche Flüssigkeit schwappen sah. Hastig trat er uns näher, zog der Flasche den Pfropfen heraus und begann, daraus zu trinken. Wir hielten inne und sahen dem genau zu: Der Kopf ruhte in den Nacken geworfen, die Flüssigkeit in der Flasche gluckerte, der Adamsapfel hüpfte. Nach einer Weile hörte er auf damit und schaute auf uns: »Na, habe ich getrunken oder nicht?«

»Getrunken haben Sie schon. Aber es war schwarzer Tee!«

»Schwarzer Tee – so ein Schwachsinn! Wenn schon: roter Tee. Hier nun, riecht und kostet es doch selber! Ich bewirte euch gern – dürft, wenn ihr könnt, die Flasche austrinken!«

Zögernd nahm einer ihm die hingehaltene Flasche ab, roch an ihrer Öffnung, rümpfte die Nase und sagte: »Hah – wie komisch – es stinkt ja!« Die Flasche ging reihum weiter, ein jeder setzte die Flaschenöffnung an die Lippen und versuchte, einen winzigen Schluck zu nehmen, allein keinem wollte er über die Kehle – alle mussten sofort wieder ausspucken und einige sich sogar übergeben. Unter den Letzteren war auch ich.

Der Spender des seltsamen Getränkes sah dem kichernd und zuckend zu und rieb sich die Hände vor lauter Freude. Und als er die Flasche wieder in der Hand hatte, legte er los: »Nun ihr Möchtegerngelehrten! Kriecht lieber bei dem Häuschen drüben unter die Bretter und sperrt die Mäuler gut auf! Sie waren doch groß genug, oder? Da kriegt ihr eher was hinein, ein paar Spritzer wenigstens von euerm eigenen Arschsaft! Bis ihr Benzin trinken lernt, muss noch viel Sand über der Steppe verweht sein, so viel, dass die hohlen Öffnungen an euren und aller Quatscher beiden Enden zugestopft sind, ihr Hodeneier und Hosenscheißer! Vorerst aber gehört ihr Tintenstampfer und Papierschmierer eins, zwei, drei … alle noch dorthin, ha-ha-hach!« Dabei streckte er den freien Arm schwungvoll aus. Unsere Blicke folgten dem ungewollt und trafen das einsame, windschiefe Häuschen in der Steppe, zu dem wir in den Unterrichtspausen tagtäglich von vielen Seiten eilten, jeder bestrebt, als Erster dort anzukommen und für eine Weile drinnen zu verschwinden.

Wie wir unseren Lehrer erzogen

Ich will nicht gerade behaupten, unser Mathematiklehrer sei ein Schurke gewesen. Vielleicht war er im Kern doch ein guter Mensch, denn er nahm seine Aufgabe, uns die Bildung beizubringen, mehr als ernst. Aber er hatte eine kleine Schwäche, die ihm, mehr aber uns oft groß zu schaffen machte: Er hatte die Angewohnheit, mit der Faust auf den Tisch draufloszuhämmern, sobald ihm etwas nicht behagte. Dass dies nicht schön war, darüber konnten wir schon urteilen, denn wir waren mittlerweile keine dummen Kinder mehr, immerhin wussten wir schon was von der Astronomie.

Eines Tages ersannen wir Jungen im Schülerrat, der ein Gegengewicht zu dem Lehrerrat darstellte und eher so etwas wie ein Geheimbund war, etwas, um der lästigen Polterei ein Ende zu setzen: Wir legten auf den Lehrertisch ein paar Reißzwecken mit der Spitze nach oben und deckten sie mit dem einem Leinentuch zu. Und sorgten dafür, dass der Jähzornige spätestens da, wenn er den Tisch erreichte, in Weißglut geriete: Kippten den Lehrerstuhl um und warfen ihm den Abwischlappen auf den Weg.

Da erschien er. Und kaum hatte er den Abwischlappen entdeckt, sahen wir seine Augenbrauen sich zusammenziehen, und als er dann auf den Stuhl stieß, schien sich bei ihm jedes Haar in eine Ahle zu verwandeln. Was uns nur recht war. Und da geschah es: Die längst zur Faust geballte Rechte schnellte zuerst in die Kopfhöhe und sauste danach auf die Tischplatte herunter. Und er erschrak arg; ja, prallte zurück, führte die Faust kurz vor die Augen und schaute ungläubig auf sie, und in dem Augenblick sahen wir einen roten Faden in der Luft stehen. Darauf besann er sich – die unglückselige Hand verschwand hinter dem Rücken, während dessen ging die Linke in die Seitentasche der Jacke, kam sogleich mit etwas Weißem wieder heraus und eilte der anderen schon zur Hilfe. Wie das dann weiterging, vermochte ich nicht zu sehen. Tränen haben mir die Augen gefüllt. Zwischendurch sah ich ihn nur ein-, zweimal, sah nur das um die Hand gewickelte, an der einen Seite rot angelaufene Tüchlein.

Es war eine lange, die längste Unterrichtsstunde. Und als sie endlich zu Ende war, atmeten wir alle auf. Aber da waren wir auch fertig. Die Mädchen schrien uns Jungen, die wir solches angezettelt hatten, an – mit Tränen in den Augen. »Dass ihr überhaupt noch dasitzen könnt!«, hieß es. »Schämt euch, Schufte und Schurken! Das Menschenkind hat sich hinten und an der Seite, überall blutig gemacht – und dabei war er so-so allein!«

Was sollten wir darauf antworten? Es gab nichts zu sagen. Hatte ich nicht selber gegen die Tränen anzukämpfen? Ähnlich erging es anderen auch, selbst den Burschen, die angaben, hart zu sein, und große Worte ausspuckten, gerne die Tränen und Ähnliches abtaten. Nun ließen wir uns von den Mädchen ausschimpfen, und ich glaube, wir waren ihnen sogar dankbar dafür. Ach ja, wir bückten uns da und dort und wischten die Blutspuren weg. Dass der arme Kerl nie wieder auf den Tisch gehauen hat, das versteht sich wohl von selbst. Was aber unbedingt noch gesagt werden muss, ist dies: Mit der Zeit merkten wir dann, er war uns zum liebsten unter allen Lehrern geworden.

Das Abschlussspiel

Es war an dem Abend, an dem die besten jungen Talente aus allen Laienkünstlern des Bezirkes ermittelt und preisgekrönt werden sollten. Das war das Abschlussspiel.

Auch wir zwei waren am Ende mit unserer Liebe, die sich kaum hatte entfalten können, aller Stürme unserer sechzehn Jahre zum Trotz. Es ging zu Ende; man war erwacht aus einem Traum und musste sich dem traumlosen Alltag des Lebens stellen.

Als ich die Kulisse verließ, war ich von einer solchen Spiellust erfüllt, und dafür gab es auch reichliche Gründe, denn endlich durfte man auf einer richtigen Theaterbühne vor aufgeklärten Stadtzuschauern auftreten, zum krönenden Abschluss, nachdem man ein volles Dutzend Mal übers Land von Klubhaus zu Klubhaus gezogen war und Spiele unter denkbar ungünstigen Bedingungen geliefert hatte. Ich war wild entschlossen, mich über die Rolle hinaus meiner Haut zu entledigen und jedem, der mir zuschaute, mein Innerstes in die Seele hineinzuschleudern. Und ich spielte.

Sie hatte nur eine Nebenrolle und ihren Auftritt erst am Ende des fünften Aktes, war aber meine Zwillingsschwester. Allein, ich sah in ihr nie das, was sie zu sein hatte; sie war für mich meine Geliebte, die edle und alleinzige Königin meines Herzens, und das sollten die Zuschauer auch erfahren.

An dem Abend hatten wir uns noch nicht gesehen, aber ich wusste, dass sie erst später kommen würde, da uns vorher gesagt worden war, keiner dürfe sich hinter den Kulissen unnötig aufhalten. Endlich kam denn auch ihr Auftritt, und ich sage, ich brannte vor Sehnsucht nach ihr: Kommen sollte sie und sehen, wie gut ich spielte.

Doch als sie dann zu mir trat, erschrak ich. Denn ihre ganze Haltung verriet etwas, was mir fremd war, ja gar feindselig vorkam. So schaute sie an mir vorbei, was mich verwirrte, und es entstand etwas zwischen uns, wie wir es nicht gewöhnt waren: beim Spielen und sonst auch nicht. Und dann kam die Stelle, wo sie mich küsste und darauf die Worte sprach: »Ach, du, Ungezogener!« Aber nun küsste sie mich gar nicht, nicht einmal griff sie nach meiner Hand, wie die Rolle es außerdem verlangte; ihr gepeinigter Blick traf den meinigen für Bruchteile eines Lidschlages und prallte daran ab. Dann sagte sie die vorgeschriebenen Worte auf, holztrocken aber! Darauf hatte ich zu sagen: »Nimm doch dann deinen Kuss zurück!«, und den Gekränkten zu spielen. Diese Stelle war nach der Ansicht des Spielleiters so wichtig, dass er von mir verlangte, so echt wie nur möglich zu spielen. Aber es hatte und hatte mir nicht gelingen wollen, obschon für mich alles längst mehr als echt war.

Was sollte ich nun tun? Vom Kuss reden, wo sie mich nicht einmal mit der Hand berührt hatte? Verzweifelt blickte ich sie an, in der Hoffnung, sie könnte es nachträglich tun – die Zuschauer würden es so oder so nicht merken. Allein sie blieb hartnäckig, sie hatte bereits den Blick einer Blinden, und ihre Haltung zeigte mir: Ich habe gespielt, wonach mir die Sinne stehen – jetzt spiel doch, Blöder, wozu du fähig bist! Mir war, mir brächen die Augen – Funken und Tränen schossen aus ihnen heraus, und ich brüllte: »Nimm doch dann deine Liebe zurück, Spatzenhirnige und Steinherzige!« Darauf gab ich mich dem Geheule erst recht hin, dass einer fürchten mochte, mir könnte die Brust aufplatzen ...

Kaum hatte sich der Vorhang geschlossen, kam der Spielleiter auf mich zugestürzt, umarmte mich und rief begeistert aus: »*Das* nenn ich Spielen, Junge-Junge!« Der Beifall der Zuschauer wollte kein Ende nehmen. Wir mussten wieder und wieder auf die Bühne treten, gruppenweise und einzeln. Der Beifall dauerte an. Später hörte ich Stimmen, die mich meinten, nach mir verlangten. Außer sich vor Glück, schob mich der Spielleiter nach vorne, mit der Anweisung, ich sollte vortreten und bis zum Rand der Bühne gehen. Was ich auch tat, zwei-, dreimal. Ich verneigte mich tief und tiefer, harrte in der Haltung, in der Annahme: Der Beifall möchte abflauen. Er nahm aber nur noch zu, erwuchs zu einem Sturm. Ich pendelte vor und zurück, konnte mich währenddessen immer noch nicht beruhigen.

Ich gewann den ersten Preis. Die Arme voll bepackt mit Gaben in Tüten und Schachteln kehrte ich schließlich in den Umkleideraum zurück und sah sie, die neben dem *anderen* stand und so tat, als ginge sie all das, was da ringsum geschah, gar nichts an. Da kam mir der Preis wie ein Hohn vor. Irgendwann hörte ich das gütige Geflüster des Spielleiters im Ohr: »Aber jetzt doch nicht, mein Kind!«

Später war ich unter den Menschen, die aus dem Theater hinausströmten. Und da streichelte mir eine ältere Frau die Backen und liebkoste mich: »O je, liebes Jüngchen, so klein und kann schon so wunderbar theatern!« Und als ich darauf die frische Luft ins Gesicht bekam, war mir, als hätte ich alles zurückgelassen, was ich mit meinen sechzehn Jahren erreicht hatte.

Ich begann wieder zu weinen. Hinter mir hörte ich eine männlich tiefe Stimme von sowjetischen Helden reden, die keinen Film mit Schießereien mehr sehen könnten – sie müssten ihre Pistolen vorher bei der Garderobe abgeben, damit sie womöglich nicht anfingen, auf die Leinwand zu schießen. Shukow wäre zum Beispiel so einer. »Mit echten Schauspielern ist es ähnlich«, hörte ich die Stimme weitererzählen. »Wenn sie eine traurige Rolle spielen, können sie sich lange vorher und nachher nicht beruhigen. Sie leben in der Rolle.«

Ich weinte noch mehr.

Das große Schaf

Ich hatte gerade die Genehmigung für ein Schaf aus der Schlachtherde bekommen, die nahe der Kreisstadt bereitgehalten wurde, für den Fall, jemand brauchte frisches Fleisch und hatte auch die achtzig Tugrik eingezahlt. Mein Bewusstsein war das eines durchschnittlichen Käufers, und so wollte ich für das Geld nicht ein beliebiges Schaf haben, denn die Herde bestand, wie jede andere auch, aus recht ungleichen Einzelteilen: großen und kleinen, fetten und mageren, jungen und alten und noch viel mehr. Und der Hüter erwies sich durch und durch als ein Ergebnis unseres Rations- und Beziehungssozialismus, denn er machte kein Hehl daraus, dass er mich nicht kannte und so eisern entschlossen war, mich entsprechend zu behandeln – sooft ich auf ein Schaf zeigte, das ich gerne haben würde, hatte er darauf nur eine Geste und ein Wort: Schüttelte ungehalten den Kopf und grunzte schadenfroh: »Vorgemerkt!« Nach etwa einem Dutzend Versuchen, gab ich es auf, denn ich begriff: So ging es nicht. Ich musste jemanden holen, dessen Gunst er brauchte.

Bald hatte ich diesen Jemanden. Es war die Tochter des Kreisvorsitzenden, deren Freund mit mir verwandt war. Ich suchte sie auf und brauchte ihr keine lange Erklärungen abzugeben. Sie verstand mich vom halben Wort und kam mit. Als wir uns aber dann dem Ziel näherten, ließ sie mich im Gebüsch zurück und ging auf den Mann zu, der am Rande der Herde saß. Und sobald er sie erkannte, wollte er vor Freundlichkeit strotzend beinah vergehen. Nach einem kurzen Geplauder, lenkte sie auf ihr Anliegen ein: Sie sei gekommen, um schon das nächste Schlachtschaf vorzubestellen.

»Ja, ich habe schon vorausgerechnet, ihr braucht morgen oder übermorgen wieder mal Nachschub. So habe ich das Schaf längst bereitgehalten!«

Sie wollte wissen, wo es sei, das Schaf. Stolz zeigte der Hüter auf ein hügeliges Tier in rotem Fell. Es war kein Schaf, sondern ein Hammel, ja, ein Hammelriese. Sie tat stutzig, sagte dann, ihr wäre ein helles lieber, wegen des Felles.

»Keine Frage!«, lautete die Antwort. »Zwei Schafe weiter hinten, der Weiße mit den Stummelohren da. Ein prächtiges Stück!«

Es war wieder ein Hammel. Wohl ein Löwe oder zumindest ein Elefant unter dem Schafvolk, wollte man an die armen, ahnungslosen Fleischklößchen einmal mit den Maßstäben der menschlichen Hammel, Ringer genannt, herangehen. Und der Fett- und Fleischhügel von dem unwissenden tierischen Ringer schien die Vorsitzendentochter diesmal zufrieden zu stellen, denn sie sagte nichts weiter dazu.

In diesem Augenblick trat ich aus meinem Versteck, von wo aus ich alles mitverfolgt hatte, und ging auf die beiden zu. »Hallo, Tschulpan!«, rief ich. »Bist du etwa immer noch Revsomoldelegierte und so Hilfsschäferin geworden?«

»Wäre nicht schlecht, aber ich bin längst zu alt für derart sozialistische Romantik«, ging sie auf das Spiel ein. »Nein, ich habe mir ein Schaf vorgemerkt, das wir demnächst abholen werden!«

»Ich brauchte auch eins. Finde aber kein passendes.«

»Nimm doch dann das rote drüben. Onkel Mütej hat es mir gerade angeboten. Aber ich hab es wegen des dunklen Felles verschmäht. Oder legst du auch Wert auf die weiße Farbe des Felles?«

»Ach nein, ich nehme schon dir zuliebe das rote und meine, es sei mir gut genug!«

Auf dem Gesicht des Speichelleckers las ich hilflose Verwirrung. Ich durfte ihm keine Zeit zum Überlegen lassen. So drückte ich ihm das bestempelte Blatt Papier in die Hand und warf das Lasso nach dem Hammelriesen.

Hinter den Weiden kam sie mir nach. Wir lächelten uns süß-sauer an. Und unsere Wege trennten sich bald, ohne dass wir ein Wort miteinander getauscht hatten.

Das Märchen von der Schneesturmnacht

Die Nacht war längst hereingebrochen; der Schneesturm, der vor Tagesanbruch eingesetzt hatte, hielt Himmel und Erde fest im Griff, rüttelte und schüttelte daran mit immer noch unverminderter Heftigkeit. Mein Pferd war über einen Felsen geraten, und ich hatte mir ein Knie verletzt. Auf dem Wege zu den Yakhirten hatte ich mich verritten, und da war dieses Missgeschick passiert.

Mit einem Mal schälte sich vor meinen Augen aus dem grauen Gebrause eine Jurte heraus, und vor Freude weinte ich fast. Der alte Rappe, wohlbewusst seiner Schuldigkeit vor mir, seinem Reitherrn, hatte seine tierischen Sinne wohl so angestrengt, dass sie diese Rettung inmitten der Bergsteppenödnis wahrzunehmen vermochten. Oder ging es nach dem Willen des übellaunigen, aber letzten Endes doch gütigen Wesens irgendwo hinter den Wolken? Wie auch immer: Ich sah vor mir eine Jurte und wusste, dass ich nicht zu erfrieren brauchte. Zuerst wollte ich selber absitzen, aber dabei tat mir das eine Knie so weh, dass ich laut aufschrie. Dann schickte ich einen anderen Laut, den ausgedehnten Ruf eines Not Leidenden um Hilfe, auf den Weg, auf dass jemand vor die Jurte träte und mich vom Sattel herunterholte. Allein es kam niemand – wohl übertraf das Sturmgeheule jede menschliche Stimme. Schließlich, nachdem ich eine gehörige Weile vergebens gewartet, beschloss ich, da mein linkes Bein es war, was verletzt war, mich an der falschen, das heißt, rechten Seite des Pferdes in den dicken, weichen Schneeschaum hinuntergleiten zu lassen – der Rappe würde es mir zulassen, nachdem er mich so zugerichtet hatte. Es ging dann auch alles gut, nur das

Knie tat mir so arg weh, dass ich wohl für eine Weile bewusstlos wurde.

Dann schleppte ich mich mit Müh und Not seitlings durch den Schnee. So sehr der Wind blies und gegen die Jurtentür drückte, bekam ich sie nach einigem Kampf doch auf. Seltsam, dass ich auch jetzt von keiner Menschenseele gemerkt wurde, denn solange ich über die Türschwelle kroch, fegte der Schneesturm ungehindert über mich hinweg in das Jurteninnere, und die Luft war nun von Schnee und Asche erfüllt. Das ganze Jurtengestell knarrte und krachte, es war, als ob es in die Luft zu fliegen drohte. Schließlich bekam ich die Tür wieder zu und ging daran, Licht zu machen, denn ich hatte bei allem Unglück doch ein Feuerzeug einstecken, und es ging auch. Da sah ich eine vom Sturm schief gedrückte, menschenleere Jurte, bis auf zwei schwarze Kinderköpfchen, die in dem einzigen Bett an der nördlichen Seite, unter einem Hügel von Felltrachten hervorlugten. Ich verstand, die Erwachsenen waren draußen, hatten mit der Herde zu schaffen; vielleicht war diese vom Schneesturm weggetrieben, und die Menschen waren mit ihr unterwegs irgendwo in der Bergsteppe.

Ich streckte mich dort, wo ich war, aus und war bald weg. Vielleicht wurde ich erneut bewusstlos, denn jetzt, wo ich mich in Sicherheit wusste, spürte ich die Schmerzen zunehmen. Oder aber – ich war nur eingeschlafen.

Irgendwann hörte ich Kinderstimmen. Sie waren in der Nähe. Es waren ein Mädchen, vielleicht sieben, und ein Junge, nicht älter als vier. Die große Schwester erzählte und hatte die beschwörende Stimme einer geübten Erzählerin. Ich verstand: »Die Augen waren ihr schon so schwach und die Zähne so stumpf.« Da fing der Bruder zu schluchzen an und wurde von jener getröstet: »Nicht doch, Kind, nicht! Es wird gleich anders, wird schöner!« Aber der Junge hörte nicht auf zu quengeln. Da sagte das Mädchen: »Dann erzähle ich dir etwas anderes, ja? Etwas Lustiges!« Der Junge sträubte sich, wollte wohl lieber bei der alten Geschichte bleiben, denn er fragte, immer noch schluchzend: »Und als sie Grauköpfchen und Weißmäulchen hatte?« Sie fiel ihm eilig ins Wort: »Da war sie so glücklich, dass sie sogar ihr Alter und ihre Unpässlichkeit vergass!« Einen Augenblick herrschte Stille. Jeder schien nachzudenken. Dann fuhr die Erzählerin fort: »Eines Tages aber hörten die beiden die Mutter sagen: ›Nun, meine lieben Kinderchen. Ich muss weg. Es liegt alles im Vorrat, was ihr für ganze zehn und noch mehr Tage braucht. Nur seid auf der Hut vor dem Wolf und seid lieb zueinander!‹«

Wieder war Stille. Der kleine Bruder schien, geduldig und gefasst zu warten auf das, was jetzt käme. Und es kam: »Damit blieben Grauköpfchen und Weißmäulchen zurück, und die Mutter ging. Sie ging auf den dichten, finsteren Wald zu, ging hinein und war verschwunden. Der Tag verging langsam, die Nacht kam, die schien schwärzer als jede vorhergehende. Dann ging endlich die Sonne auf, die lange währte und schließlich wieder unterging. Zehnmal ging die Sonne auf und unter, zehnmal kam die Nacht und schien jedes Mal länger zu währen als jede vorhergehende, ja, als alle vorhergehenden Nächte zusammen. Bald war das ganze Futterchen verzehrt. Zwanzigmal ging die Sonne auf und unter, zwanzigmal senkte sich die Nacht über die Wartenden, zweimal zehn ... dreißigmal, dreimal zehn. Grauköpfchen und Weißmäulchen lebten nur noch von blankem Wasser, waren abgemagert. Aber die Mutter kam und kam nicht ...«

Der Junge, der schon eine ganze Weile geschnieft hatte, fing hier zu greinen an: »Wa-wa-warum denn kam die Mutter nicht?« Das Mädchen wollte ihn anfangs trösten, fiel dann jedoch selber in das Gewimmer ein. Ich hatte schon vorher daran gedacht, sie meine Anwesenheit wissen zu lassen, hatte jedoch Bedenken gehabt, sie könnten erschrecken, und so blieb ich stumm. Jetzt aber musste ich mich melden und ihnen beistehen mit eben meiner Anwesenheit wenigstens und mit tröstenden Worten gar, wenn es ging. Also sprach ich sanft, so gut ich es konnte: »Fürchtet euch nicht, Kinder. Ich bin ein nächtlicher Gast eurer Jurte. Habe eben dem Märchen zugehört und kann euch den Schluss erzählen.«

Das vereinte Gejammer brach ruckartig ab, endete in Stille und die dauerte eine ganze Weile an. Dann erklang die Mädchenstimme voller Angst aus der Finsternis: »Wer bist du denn? Und wann und wie bist du hereingekommen?« Ich sagte, wer ich war und wie es dazu gekommen war, dass ich jetzt dort lag. Das war gut, denn dieselbe Stimme, jetzt ruhig und zutraulich, fragte, ob ich sehr große Schmerzen hätte. Ich verneinte die Frage sogleich, obwohl ich einen Brand spürte, der mir im Knochen wütete und das Mark zum Kochen zu bringen schien. Ich fragte, warum sie tief in der Nacht Märchen erzählte. Uwaj wäre von einer herunterfallenden Dachstange wach und darauf ängstig geworden. Außerdem wäre es so kalt.

Das Märchen mit dem Grauköpfchen und dem Weißmäulchen war mir übrigens unbekannt. Da ich nun einmal versprochen hatte, den Schluss zu erzählen, nahm ich den von einem anderen Märchen, das mir gerade einfiel, und ich erzählte: »Ja, da halfen sie eines Tages einem Menschen, der in Not war, sie brachten ihm zu essen und etwas anzuziehen, obwohl sie selber auch hungerten und froren. Und der Mensch gab ihnen aus Dankbarkeit einen Stock mit dem Wort, sie brauchten ihn nur zwischen ihre Beine zu stecken und zu nennen, wohin sie möchten, dann würde der sie augenblicklich zum Ziel bringen. So geschah es denn auch: Sie sagten, sie möchten zu ihrer Mutter, die sie vor langer Zeit verlassen hätte – kaum taten sie, wie es ihnen geheißen war, da hörten sie ein Gedonner, sahen ein Geflimmer, spürten ein Gesause und standen in einer Höhle, und vor ihnen saß die Mutter, verweint am Gesicht und zerschunden am Leibe; ein Ungeheuer hatte sie entführt und hielt sie gefangen. Sie ließen die Mutter auf ihrem Wunderstock reiten, schmiegten sich selber vorne und hinten an sie und sagten: »Nach Hause!« Erneut das Gedonner, Geflimmer und Gesause; darauf standen sie vor der eigenen Hütte, und ab da lebten sie ungestört in ihrem Glück.«

Eine Weile herrschte Stille, nun befreiend. Dann sprach das Mädchen: »Kennst du viele Märchen?«

»Ja, ziemlich.«

»Zehn?«

»Bestimmt mehr.«

»Ist mehr sehr viel?« Das war nun der Junge, und seine Stimme klang klar und munter.

»Ja, schon. Ziemlich viel.«

»Wo kommen die Märchen her?«

»Sie werden wohl geboren.«

»Wie die Lämmchen?«

»Nein, nicht gerade. Aber es geschehen immer Dinge, und sie werden weitererzählt. Meistens etwas anders, nicht so, wie sich die Dinge gerade ereignet haben.«

»Trauriger«, ergänzte das Mädchen, bestimmt in der Art eines Erwachsenen.

»Besser«, versuchte ich, es behutsam zu berichten. »Eigentlich enden doch alle Märchen glücklich, oder?«

Aber davon vermochte ich weder sie noch ihn ganz zu überzeugen, so schien mir. Nach einer kleinen Weile bekam ich tatsächlich den Einwand zu hören: »Grauköpfchen und Weißmäulchen warten ja vergebens auf die Rückkehr ihrer Mutter!«

Da ich das Märchen nicht kannte, wusste ich nicht, was zu seinem Ende sagen. So redete ich ausweichend: »Es geht den Menschen auf der Erde eben unterschiedlich. Leben die einen leichter, werden auch lustigere Märchen geboren. Unser Leben ist hart und gibt so traurigere Märchen ab. Aber dennoch enden sie immer glücklich, da es unser Wunsch ist, dass das Schwere am Ende doch einigermaßen gut ausgeht!«

»Und was ist mit der Kälte und dem Schneesturm?«, erklang die Mädchenstimme nach langem Schweigen, und sie verriet Vorwurf. In dem Augenblick fiel eine Dachstange herunter und schlug polternd auf den Blechofen in der Jurtenmitte. Das Kind schrie auf, verstummte gleich darauf aber wieder. Ich stockte und blickte in die kalte, wirbelnde Finsternis. Ich sah sie nicht nur von Schnee- und Aschestaub, sondern auch, ja vor allem, mit vor Schreck weit aufgerissenen, schwarzen Kinderaugen erfüllt. Und eben diese Augen schienen mit ihrem vereinten, bohrenden Blick jede Bewegung meiner Lippen zu verfolgen. Trotz erwachte in mir: »Wir werden dem Ungeheuer Winter mit all seinen Bösewichten von Sand- und Schneestürmen eines Tages doch entkommen!«

Keine Antwort fiel darauf – meine Zuhörer blieben stumm. Oder war es der Wind, der antwortete, indem es einen Ruck gab – und die Jurte krachte und flatterte. Die Kinder, im Sturm geboren und mit ihm aufwachsend, mussten gewusst haben, wer weiß, es würde so kommen, und so haben sie geschwiegen – womöglich ihn für sich sprechen lassen. Oder aber sie haben das, was ich gesagt habe, einfach nicht hören können, da der Sturm, der sich von ihrer Angst nährte und daran stärkte, ihnen hat zuvorkommen wollen. Dieser Gedanke machte mich erneut bockig angesichts der Übermächte und ihrer blinden Gewalten, wollte ich doch den Hilfsbedürftigen um jeden Preis beistehen. So machte ich mich daran zu reden: »Eines Tages wird unser Leben mit dem gestrigen Tag und der heutigen Nacht nur noch ein Märchen sein. Und es wird heißen: Es war einmal ein Volk, das im eisigen Wintersturm und in der sengenden Sommerhitze ständig in Filzzelten lebte und dessen Kinder schon mit der Geburt gegen die Gefahren des Erfrierens und Erstickens, des Verhungerns und Verdurstens ankämpfen lernten ...«

Der Himmel konnte gar nicht so taub sein, wie er sich zuweilen stellte – etwas fuhr auf; etwas schien zu zerbersten hinter der durchlässigen Jurtenwand aus fingerdürrem Gitterholz und hautmagerem Filz: Es krachte und knallte, worauf die Jurte, wohl schmerzlich getroffen, zusammenfuhr, knarrte und knirschte, seufzte und stöhnte an allen ihren Enden. Ich hörte meine eigene Stimme nicht mehr. Mir dröhnte es im Kopf, mir lärmte es in den Ohren, und die Finsternis vor meinen Augen begann sich zu drehen. War wohl erneut bewusstlos, denn irgendwann hörte ich, wie aus großer Entfernung, die enttäuschte Kinderstimme: »Er hört uns gar nicht.« Darauf flüsterte ich in die Finsternis, die jetzt fest und starr zu sein schien: »Doch ... ich ... höre ...«

Da wurde ich erhört, denn wenig später meldete sich die Stimme wieder: »Soll das heißen, der Winter wird in Ketten gelegt wie der bissige Hund des Ungeheuers Mangys?« Ich musste lange überlegen, worauf die Frage zielte. Schließlich fiel mir ein, was ich zuletzt gesagt hatte. So sprach ich jetzt: »Das wäre schön!« Die Stimme drängte; ich verstand, sie wollte von mir nicht ablassen: »Du weißt es nicht?« Zögernd gab ich zu, dass ich es nicht so genau wusste. Dann aber brachte ich doch etwas hervor: »Sollte es uns nicht gelingen, den tollwütigen Winterhund in Ketten zu legen, dann werden wir uns eben selber gegen ihn panzern müssen.«

»Wie denn das? Geht so etwas überhaupt?«

»Natürlich geht es. Alles geht. Andere haben es längst getan. Wir sind die Letzten, die geblieben sind, mit unserer bloßen, dünnen Haut.«

»Gepolsterte Menschen – wie Igel?«

»Ja, so etwa. Steinern und stählern und spitzig müsste die

menschliche Schutzhülle sein und innen weich und warm gepolstert, wie bei dem Igel ja auch.«

»Igelmenschen – ist das nicht schrecklich?«

Wieder fiel eine Dachstange herunter und schlug noch lauter polternd auf das hohle Blech des Ofens. Diesmal folgte dem kein Aufschrei. Wieder Stille. Sie hielt die Frage wach, die inmitten des Getöses und Gekraches stand und auf mich zielte, ein herfliegender Pfeil. Ich suchte nach Worten, hatte sie auch schnell zusammen: »Nur eines von beiden geht. Wir müssen uns entscheiden!«

Nur auszusprechen zögerte ich sie. Ich musste gut überlegen. Denn einmal ausgesprochen, würden sie abgeschossenen Pfeilen gleichen, würden die kindlichen Hirne treffen, verwunden und manch lebende Zellen darin töten. Und die Wort-Pfeile würden, im Gegensatz zu Holz- und Horn-Pfeilen nicht hinfallen und -verfaulen, würden weitergeistern und immer neue Hirne verwunden, was letztlich tödlich wäre.

Aber ich wusste, ich durfte ihnen keine Antwort schuldig bleiben. Denn unser Leben, das, so oder so, ein Märchen ist, würde mit oder ohne Schneesturm fortdauern, und da es nun solches: ein Märchen eben, verlangt es nach seinem glücklichen, vorläufigen Ende.

Der Mann mit dem eigenen Stern

Der helle Tupfen am östlichen Horizont lässt uns lange im Ungewissen, bis er sich als eine Jurte entpuppt. Bald steigt er in die Höhe, löst sich von der schimmergrauen Gobisteppe los und gleicht einem Batzen Wolke, bald fließt er in die Breite, fällt und hüpft auseinander und täuscht eine äsende Antilopenherde vor. Wir fahren drauflos, fahren wohl eine ganze Stunde. Dann erreichen wir ihn und sehen: Es ist tatsächlich eine Jurte, und zwar eine unansehnliche und altersmüde. Keine Menschenseele darin und in der ganzen sichtbaren, schier unendlichen Umgebung auch niemand. Doch scheint sie einladend: Der Türflügel ist nur leicht angelehnt an den Rahmen, und auf dem niedrigen Tisch hinter dem runden, fettglänzenden Blechofen stehen die pflichtmäßige Wärmekanne mit dem Milchtee und der flache Blechteller mit den aufgehäuften getrockneten, fettschwitzenden Quarkbrocken. Wir machen ohne Bedenken Gebrauch von dem Angebot.

Der Jurtenherr kommt auf einem Motorrad gefahren. Er hat ein verwegenes Aussehen, was vor allem von dem langen, vor Schwärze glänzenden Haar herrührt, das unter der Schirmmütze hervorquillt und einer Fahne gleich über den Schultern weht; dann ist es auch die viereckige dunkle Brille, die, mit einem breiten Band um den Kopf geschnallt, das halbe Gesicht verdeckt, und schließlich der Feldstecher, der in einer grellen Tasche an seiner Brust herabhängt und schnell an eine Waffe erinnert.

Der Mann nimmt die Brille ab, und sichtbar wird, was darunter gewesen: Ein Paar kleiner, scheuer Augen mit einem flammenden Blick. Und wie diese Augen die Runde streifen und wie der Blick einen jeden aus dieser Runde trifft, wird einem etwas Körperhaftes, und zwar, etwas Schneidiges und zugleich Kühles am Leib zuteil. Doch dann, während es zu Grüßen kommt und die landesüblichen Fragen fallen, verblasst der anfängliche Eindruck, und schnell gewöhnen wir uns an seine Gegenwart, zumal alles andere bis auf die flatternde lange Mähne abgelegt wird. Und da wissen wir auch schon einiges über ihn: Schoowdor heißt er, ist neununddreißig Jahre alt und Kamelhirt der Genossenschaft.

Dieser Mensch nun schickt sich an, Feuer zu machen. Wir wollen ihn davon abhalten, sagen, dass wir schon Tee getrunken haben und in der Kanne für ihn noch Tee übrig geblieben ist. Allein er lässt sich von seinem Vorhaben nicht abbringen, denn er meint, er müsse ein Essen zubereiten, da nicht jeden Tag Menschen vorbeikämen. So lassen wir es geschehen und schauen zu, wie er das Trockenfleisch zwischen den Fingern zerreibt, ins Wasser im Kessel streut, Mehl knetet, Teig ausrollt und Nudeln schneidet. Wir sehen, er ist geübt. So schauen wir ihm vergnügt zu und stellen ihm zwischendurch Fragen, die er, wie wir glauben, gerne beantwortet. Hin und wieder hat auch er eine Frage. Ein gutes Gespräch kommt zu Stande.

Schoowdor betreut einhundertneunzig Kamele und gleichzeitig auch die dieselbetriebene Pumpe, die aus einer Tiefe von zweihundertzehn Metern Wasser fördert und damit die eigene und weitere zwei Großherden tränkt. Seit fünf Jahren lebt er allein, nachdem ihm der jüngere Bruder von einem fremden brunftigen Kamelhengst überfallen worden war. Die Mutter war noch vorher verstorben. Er war schon immer Junggeselle. Auf die Frage, ob er noch nie auf den Gedanken gekommen sei zu heiraten, blickt er auf, mustert uns der Reihe nach und sagt schließlich: »O ja!« Und das kommt fast geflüstert, aber so eindringlich, als ob er damit gegen eine Beschuldigung, einen

Verdacht angehen wollte, und in dem Zeitbruchteil, wie er es sagt, huscht über sein dunkles Gesicht ein Lichtschein, der es sehr milde erscheinen lässt.

»Und noch einmal versuchen willst du es nicht?«

»Nein!«

»Unbegreiflich. Uns wurde erzählt, dass in dieser Ecke mehr Frauen leben als Männer. Und du weißt wie ich, es gibt viele gute Menschen!«

»Es gibt aber auch Dinge im Leben, die der Mensch zweimal zu ertragen nicht im Stande ist!«

»Und du meinst, so hältst du es durch?«

»Das Restchen aber gewiss, nachdem ich es all die Jahre ausgehalten habe!«

Hiermit endet unsere Unterhaltung auch schon. Was dann kommt, sind belanglose Dinge. Das Essen schmeckt, und mit Dank verabschieden wir uns von unserem Gastgeber. Lang und reglos bleibt er stehen, neben seiner schäbigen, niedrigen Jurte und scheint zusehends in die Länge zu wachsen. Bis er auf einmal anfängt zu wackeln und bald darauf in mehrere Teile zerfällt und auseinander hüpft wie die Jurte auch, die jetzt nicht mehr weiß, sondern grau schimmert und sich also in eine schimmergraue Antilopenherde zu verwandeln, zu zerfließen und in alle Himmelsrichtungen sich zu verflüchtigen scheint.

Bei Sonnenuntergang taucht ein Motorradfahrer uns im Rücken auf. Und wie er sich uns nähert, erkennen wir an der flatternden, fahnengleichen Mähne unseren Freund wieder, von dem wir uns erst vor wenigen Stunden verabschiedet haben. Er ist es gewesen, der uns den Weg zu der Oase gezeigt hat, und daher hat er uns auch schnell gefunden. Wir sind angenehm überrascht, denn unser Gespräch hat sich während der Fahrt hierher nur um ihn gedreht. Wir hatten von ihm als von einem schönen, lieben, vielleicht aber auch etwas verschrobenen, weil angeschlagenen Menschen gesprochen. Er musste unserer Meinung nach an einer großen Liebe gescheitert sein und fand nun keinen Mut mehr, sein Glück ein zweites Mal zu versuchen.

Wir wollen unseren Gast mit Schnaps bewirten. Aber da kommt er uns zuvor, holt aus dem Brustlatz eine Flasche und sagt mit einer schuldvollen Miene, dass er sich unwohl gefühlt hätte, da es vorhin zum Essen nichts Rechtes zu trinken gegeben hätte. Nun wolle er das nachholen; wo er die Flasche aufgetrieben hat, sagt er uns nicht. Wir freuen uns umso mehr, und um unsere Freude zu zeigen, trinken wir unsere Becher gleich leer. Er blickt lange in den seinen hinein, trinkt dann mit einem Ruck aus, schüttelt sich darauf heftig und lächelt erstmalig. Und da flammt es in seinem Blick auf, wie ein fernes Wetterleuchten, das einen kurzen Augenblick lang anhält. Es ist nun eine andere, eine wärmende und beruhigende Flamme.

Der Tag wächst schnell in die Nacht hinüber. Bald steht der Mond am Himmel über dem östlichen Horizont und gleicht einer soeben angezündeten Laterne. Es ist die siebzehnte Nacht des ersten Sommermonats, und so wirkt der Mond noch fast rund und strahlt große Helligkeit aus. Wir singen, wie immer, wenn Nomaden trinken, singen auch das Lied vom Vollmond, der vorgestern, am fünfzehnten erschienen sein musste. Schoowdor hat eine helle, dennoch sanfte Stimme, und die Weise, wie er singt, verrät einen Menschen mit einer zart besaiteten Seele. Mit einem Mal sagt er: »Wollen wir nicht einen Sprung fahren? Ich möchte euch das Donoi-Tal zeigen und die Geschichte dazu erzählen!«

Wir setzen uns alle in unseren Jeep und fahren los. Wenig später stehen wir auf einer Anhöhe, und Schoowdor erzählt die Geschichte eines Mannes, der in dieser Gegend gelebt und Donoi geheißen haben soll. Das war zunächst ein Mann, den viele um seine Jugend und seinen Besitz beneideten. Die eigentliche Geschichte beginnt damit, dass er zu einem Mädchen Liebe empfindet, die auch erwidert wird. Die Geschichte fährt fort, wenn das Mädchen zur Frau eines anderen wird. Donoi ist tief unglücklich, untröstlich darüber. Will von keiner Frau mehr etwas wissen, will sein Leben allein verbringen. Die Jahre kommen und gehen, die Jugend des Mannes verblüht, auch sein Reichtum siecht dahin. Je weiter es damit dann geht, umso weniger bleibt von dem Neid auf ihn übrig, und umso mehr Mitleid versammelt sich in den Brüsten der Mitmenschen gegenüber dem einstigen Reichen und Jungen. Und da geschieht, dass sich eine Mitleidige an den Pechvogel heranmacht und um ihn wirbt, um ihn, wie sie beteuert, zu beglücken. Und diese macht es so lange und so gut, dass der Unglückskerl am Ende auf sie hört. Das versprochene Glück scheint einzutreffen. Doch, es währt nur kurze Zeit. Dann stellt sich heraus, es ist doch nicht das Glück, das er gemeint hat, als er am anderen Ende der Zeit dem Mädchen die Hand hielt, in die Augen blickte und sagte: »Du!«

Ihm jedoch wär es recht gewesen, wenn die weichherzige Frau dageblieben und das bisschen Hab und Gut weiterverwaltet hätte. Denn er will sich so oder so aus dem Staub machen. Sie aber ist wohl enttäuscht und darauf auch noch stolz – will solches nicht. So geht sie dorthin zurück, woher sie gekommen war. Da verschenkt er das Restvieh, verfeuert die Jurte, die gealtert und ermüdet war wie er auch, reitet in die Wüste hinein und lässt zum Schluss das Pferd zurücklaufen. Es dauert lange, bis man ihn findet. Die Mulde, in der er gelegen hat, wird nach ihm genannt. Mit der Zeit aber springt der Name auch auf die ganze umliegende Wüste über, die, aus der Ferne gesehen, einem Talkessel gleicht ...

Unser Weggefährte spricht von einer dunkel-schimmernden Hügelkette und zwei hell-schimmernden Salzseen und deutet mit der Fingerspitze auf die endlose nächtliche Steppe.

Wir blicken in die Richtung, vermögen aber nichts auszumachen. Sagen zum Schluss jedoch, da er gespannt darauf wartet, dass wir es auch sähen, tatsächlich sei so etwas Ähnliches zu erkennen.

Schoowdor verlässt uns noch in der Nacht. Bevor er aufbricht, fragt er uns nach unseren Sternen. Keiner unter uns hat einen eigenen Stern. »Und hast du etwa einen?«, fragen wir ihn.

»Natürlich!«, sagt er sogleich und zeigt mit ausgestreckter Hand kaum vier Fingerbreit über den südlichen Horizont: »Dort unterhalb des Dreiecks der links liegende und schwächer leuchtende von den beiden grünlichen!« So sehr wir auch hinblicken, vermögen wir weder das Dreieck noch die beiden Grünlichen zu finden. Aber auch diesmal behaupten wir am Ende, wir sähen seinen Stern.

In der Frühe fahren wir die nächtliche Strecke noch einmal, steigen auf die Anhöhe und suchen mit dem Fernglas. Es gibt viele schwarz schimmernde Hügelketten, ebenso viele hell schimmernde Salzseen. Auf der Weiterfahrt fragen wir jeden, der uns begegnet, nach dem Namen, nach der Geschichte. Keiner vermag uns Genaues zu sagen.

Die Tamyr

I

Draußen in der großen Welt schrieb man das Jahr 1922. In der Ecke aber, wo unsere Geschichte ihren Anfang nehmen wird, war wieder einmal der Schwarze Hund im Gange. Und das war tatsächlich kein guter: Die Stammesfehden waren zu einem Krieg ausgeartet, in welchen immer mehr Stämme hineingezogen wurden. Das Land wurde gespalten, und die Bande ihrer Stämme und Sippen zerrissen. Gerüchte grassierten, Ängste stauten sich. Wer schwach war, ergriff die Flucht. Das war der nächste Ausweg. Viele gingen daraufhin auch fort, und damit begann erneut eine Völkerwanderung.

Auf dem diesseitigen Abhang des Gletschergipfels Örmegejti, der trennend zwischen China und der Mongolei emporragt, fand zur Mitte des Sommers eine Schlacht statt. Das ereignete sich zur frühen Stunde. Beim Tagen stießen Angehörige zweier einander fremder Stämme, eigentlich Völker, mit einem Mal aufeinander. Sie hatten in der nächtlichen Finsternis den Gletscherberg wohl auf zwei verschiedenen Seitenpfaden erklettert, waren über den Pass gekommen und befanden sich gerade beim Abstieg. Nun fühlte man sich auf jeder Seite bedroht und glaubte, sich verteidigen, den anderen vorauskommen zu müssen. So gingen die Menschen aufeinander los. Die Schlacht dauerte lang, war schwer, denn keiner war wirklich dafür gerüstet. Es waren hier wie dort arme, friedliche Flüchtlinge, die um des nackten Lebens willen die Anstrengungen der Flucht auf sich genommen haben. Dennoch nun diese Schlächterei …

Hier wurde einer erdrosselt, dort wurde einer erschlagen. Auch so manche purzelten, Arm in Arm, wie ein Knäuel davon. So ging man schnell und sicher in den Tod – war man einmal ins Rutschen gekommen auf dem glatten, steilen Gletschereis, gab es keine Rettung mehr. Also wurden die Menschen auf beiden Seiten unaufhörlich weniger. Doch anstatt den Schlund des Todes endlich zu stopfen, rief man sterbend die Übrigbleibenden dazu auf weiterzumorden.

Ein Vater rief nach seinen beiden Söhnen, übertrug ihnen sein Vermächtnis: »Nehmt Rache! Vergeltet Blut mit Blut! Rottet das Feindesgeschlecht aus!« Die Söhne, zehn und zwölf Jahre alt, an einen aus dem Eis herausragenden Felsen gedrängt, zitterten vor Angst und Schreck. Der Tod des Vaters nun zersprengte die Fesseln der Angst, die Söhne rissen sich aus der Umklammerung der Mutter, stürzten sich schreiend vorwärts, die Mutter eilte ihnen nach, vermochte nur den Jüngeren wieder einzufangen. Der Ältere war schon auf dem Schlachtfeld. Und in diesem Augenblick kamen ihm von der anderen Seite zwei Jungen fast gleichen Alters wie er entgegengestürzt. Auch sie hatten bisher inmitten eines zusammengedrängten Häufleins in der beschützenden Umklammerung der Mutter dagestanden und dem Grauen machtlos zugeschaut. Auch ihnen war der Vater soeben ermordet worden, und auch dieser hatte die Söhne mit seinem Vermächtnis zurückgelassen. Und es hat ebenso gelautet: »Rache!« Das kurze Wort, das der Vater sterbend aussprach, trieb nun die Söhne in den Tod. Die Mutter, die dem zuschauen musste, hatte auch noch gegen das Bocken ihres jüngsten Sohnes zu kämpfen.

Die Kinder kämpften wie wild, so kämpften sie sich am Ende alle drei tot.

Die Überlebenden hatten mit den Toten zu tun. Dabei hatten es die einen leichter: Bei ihnen galt es als gut, wenn der

Leichnam schnell wegkam, da nur so die Seele frei werden könnte. Also brachten diese ihre Toten fort, entkleideten und überließen sie den Geiern und Füchsen zum Fraß. Die anderen schleppten die Ihrigen vom Eis und Schnee auf die trockene Erde hinaus, begruben sie dort und häuften darüber noch Steine. Während diese Handlungen geschahen, blieben die anderen in der Nähe, sahen zu und fällten ihre Urteile. Das waren feindselige Worte, die von bösen Blicken und drohenden, erniedrigenden Gesten begleitet wurden. So waren sie Ölspritzer auf das Hassfeuer, das in einer jeden Brust gegen die Menschen des anderen Stammes loderte. Ja, mit Mordshass verfolgten die Überlebenden einander, und das war wohl auch der Grund, weshalb die verfeindeten Menschen nicht voneinander loskamen.

2

Die Zeit, der die alternde Hälfte der Menschen immer eine zauberhafte Geschwindigkeit zuzuschreiben pflegt, ist aber für die andere, wachsende Hälfte langsam. Für Schöödün und Botaj war sie wie festgenagelt, obwohl die Tage und Nächte immer noch einander ablösten. Inmitten der zehrenden Sehnsucht, schnell zu erwachsen und den anderen in der Größe zu übertreffen, kamen sie sich stillzustehen vor. Das war sterbensärgerlich.

Der Leser wird richtig geahnt haben: Wir haben mit den beiden Jungen zu tun, die damals dem Tod ihrer Väter und älteren Brüder zuschauen mussten und allein dank der versperrenden Arme der Mütter am Leben bleiben konnten. Nun brannten sie, in den Sitten der Väter verwurzelt, vor Blutrache, die jeder an dem anderen nehmen würde.

Eines Tages schien es so weit: Sie waren zu Dshigiten – jungen, kampffähigen Männern – herangewachsen, und jeder fühlte sich stark genug in seiner Haut und auch in seinem Vorhaben, den anderen zu einem Zweikampf herauszufordern, ihn zu erzwingen, um für das am Gletscherhang des Örmegejti geflossene Blut nun seines zu vergießen und so das Vermächtnis seines Zeugers endlich zu erfüllen. Nur, es war jetzt schwer, den anderen herauszufordern. Die Stammesfehden waren gewaltsam ausgelöscht worden, jeder Versuch, sie wieder zu entfachen, wurde hart verfolgt. Es waren andere Sitten aufgekommen, denen man sich zu fügen hatte. So lebte jeder im Warten, die Zeit indes verfloss nun schneller.

Wir vermerken: Es war gut, dass auf diesem Fleck Erde die Blutrache jede Handlung aus dem Versteck, also einen Meuchelmord, ausschloss, und ein Verletzer der gegebenen Regel als Feigling verschmäht wurde.

Die Dshigiten wurden Familienoberhäupter, zeugten selber Kinder. Das erschwerte das Vorhaben gewiss, aber nun, so tröstete sich ein jeder, würde seine Rache umso süßer sein. Doch vorläufig lebten und gebärdeten sich beide friedlich, gingen ihren alltäglichen Pflichten nach, und die Umstände, die über sie walteten und schalteten, machten keinen Unterschied zwischen ihnen. Waren sie für den einen schwer, waren sie es für den anderen auch, oder umgekehrt. Und seltsam, sie arbeiteten immer wieder an der Meisterung einer und derselben Aufgabe. Mal war es ein steinerner Schutzwall für das Vieh, mal waren es Lärchenstämme, die auf dem Fluss, zu dem der eine Homdu und der andere Kobda sagte, geflößt werden mussten. Da wollte ein jeder dem anderen insgeheim seine Kraft und seine Geschicklichkeit zeigen, und die Folge war, dass beide zu den besten Arbeitern gehörten. Und dieses hatte wiederum zur Folge, dass sie oft Eilaufträge zu erfüllen hatten, so manches Mal zu zweit sogar.

So waren sie einmal im Wald, ganz allein Mann gegen Mann. Sie hatten besonders lang und gerade gewachsene Bäume zu fällen und die Stämme zum Fluss zu schaffen. Dabei war ein jeder auf der Hut, besonders nachts, wenn sie in einem engen Zelt schliefen, Kopf neben Kopf. Die erste Nacht verbrachten beide mit offenen, in der Finsternis hellwach nach dem anderen zielenden Augen und mit auf einen Angriff eingestellten, zum Sprung und zum Griff bereiten Gliedern. Mit jeder weiteren Nacht aber schliefen sie länger und fester.

Beim Flößen hatten sie einen Unfall. Die langen, feuchten Stämme waren ungelenk und zu schwer, der Strom des Hochwasser führenden Flusses warf ihr Floß gegen eine Klippe. Der Stoß war so hart, dass der Seil riss und die Stämme auseinander trieben. Die Flößer stürzten nach vorn, Botaj erwischte dabei einen schmalen Rest des Floßes, während Schöödün ins Wasser fiel. Der krachende, weiß brodelnde Strom warf ihn um, schleuderte ihn hin und her, noch bevor er sank. Botaj, der über ihm lag, sah das und vermochte den Arm auszustrecken und bekam durch gut Glück den Ertrinkenden zu erfassen. Das Unglück nahm dann eine glückliche Wende: Der Floßrest geriet auf eine halb überschwemmte Insel und strandete dort.

Eines Tages sagte Schöödün zu Botaj: »Ein Dshigit bist du. Aber gerade darum wirst du wissen, nichts kann das Blut des Vaters verwischen und sein Vermächtnis vergessen machen!« Botaj zeigte sich davon betroffen, doch musste er sich mit der Zeit eingestehen, er selber hätte sich auch nicht anders verhalten.

3

Im Jahr der Gelben Häsin – 1939 sagte man dazu auch – wurden die beiden mit anderen jungen Männern zur Armee eingezogen. Und wie zum Gespött des Schicksals gerieten sie zusammen zu einer Einheit. Das war weit weg, irgendwo weit draußen. Hunderte von Flüssen und tausende von Bergen trennten sie von dem blaubunten Rücken des Altai. Da sagte Botaj eines Tages zu Schöödün: »Was blickst du mich so finster an, Mann? Wir sind nicht mehr in unserer Ecke mit der stehen gebliebenen Uhrzeit und den blutrünstigen Sitten! Siehst du denn nicht, wie hier Landsleute zueinander stehen? Wie Leibesbrüder! Nur wir beiden Idioten schauen wie ein Schafbock und ein Ziegenbock aneinander vorbei – eine Schande ist es! Denn jeder trägt den Ruf seiner Ecke mit sich herum, und die Ecke, die uns gegeben hat, was uns genommen ward, verdient es nicht, in Verruf zu kommen! Also, Dshigit, wollen wir die Sache nicht verschieben, bis wir den Dienst hier beendet haben und wieder zu Hause sind?«

Schöödün war beschämt wie erfreut zugleich. Botaj sprach das aus, woran auch er gedacht und worunter er gelitten hatte. Darauf war ein jeder erleichtert und bestrebt, gut zu dem anderen zu sein. Und so kam es auch. Denn der Dienst dauerte lange, sechs Jahre.

Sie bewachten die Südgrenze. Die Zeiten waren unruhig, der Armeealltag war hart. Einmal verirrten sie sich, ein Sandsturm war ausgebrochen, das war im Frühjahr. Sie waren zu dritt, unsere beiden und einer aus dem Norden des Landes. Gegen Abend des zweiten Tages stießen sie auf eine Quelle. Sie lag mitten in einer kleinen Oase, war vom Sand fast verschüttet. Wasser aber gab es! Allein da schrie Schöödün: »Weggetreten!« Das war nicht nur eine Warnung, es war auch ein Befehl. Denn er war Obersoldat. Und er, der für das Leben seiner Kameraden die Verantwortung trug, hatte den Verdacht auf Vergiftung des Quellwassers: Sie waren kurz zuvor an einem Kamelkadaver vorbeigekommen, nun lag unweit von der Quelle ein totes Pferd. Doch die Durstigen schienen außer Stande, die Sinne zusammenzuhalten – Mensch und Tier stürzten sich schon auf das kaum glimmende Wasser. Da packte der Obersoldat den, der dem verdächtigen Wasser am nächsten war, an beiden Schultern und zog ihn zurück. Allein dieser, der ein kräftiger Kerl, ein Ringer, war, schüttelte ihn von sich ab, kniete nieder und fiel mit dem Gesicht ins Wasser. Der Unterlegene packte aufstehend Botaj, der das Wasser noch nicht berührt hatte. Dieser kämpfte ebenso verbissen wie der andere, hatte jedoch nicht die Kraft von jenem. Schöödün schob ihn vom Wasser weg, warf ihn dann um und hielt ihn fest. Botaj tobte, nannte ihn ein hinterhältiges Schwein, das ihn verdursten lassen wollte. Der Warner musste sich noch andere Beschuldigungen und Beleidigungen anhören, aber er blieb fest und hielt den Tobenden im Griff. Dann ließ der andere vom Wasser endlich ab, jetzt wohl mit wiedererlangtem Verstand. Der Obersoldat befahl ihm, heranzutreten und den Bockenden ihm abzunehmen. Keuchend und schimpfend saß Schöödün nun neben den Kameraden, die auf seinen Befehl hin im Kampf lagen. Dabei kämpfte er mit sich, der ebenso wie diese auch nichts lieber getan hätte als aufzustehen, sich auf das glänzende Wasser zu stürzen und daraus zu trinken. Da aber fuhr sich der Ringer ruckartig mit einer Hand an den Bauch und erbrach. Der Obersoldat sprang auf und begann auf den Himmel und die Erde zu fluchen. Botaj kam dadurch endlich zur Besinnung. Der Soldat verstarb. Auch krepierten alle Pferde. Den Tag darauf wurden die beiden von einem Suchtrupp gefunden.

Eines Tages sagte Botaj zu Schöödün: »Nicht, weil du im Kampf stärker warst als ich. Ich muss ein Schwächling sein neben dir: Ich bin dir dankbar!« Schöödün winkte verlegen ab, war aber Botaj dankbar, dass er das gesagt hat. Denn er hatte in der letzten Zeit selbst daran gelitten, dass er damals, anstatt sich bei jenem zu bedanken für sein gerettetes Leben, das harte Wort gesagt hatte.

Die nicht enden wollende Dienstzeit war irgendwann doch zu Ende. Die Ausscheidenden küssten unter Tränen die Regimentsfahne. Botaj sprach schluchzend zu seinem Landsmann: »Soll das nun bald von der Vergangenheit wieder überschattet und überschüttet werden, Genosse Obersoldat?« Dieser konnte darauf nichts sagen, denn er hätte die Frage so selber stellen können.

4

Sie kehrten heim, siegreiche Helden. Die Freude, die einen umgab, war riesig. Doch blieb etwas, was jeden in der Seele plagte. So gingen sie vorerst auseinander. Tage später erschien Schöödün, er war angetrunken. Botajs nahmen ihn wie einen Himmelsgast auf.

Inmitten des Tees fragte der Gast den Regimentskameraden: »Hast du einen Dolch von deinem Vater oder wenigsten einen aus seiner Zeit?«

Botaj erbleichte, bejahte aber dann die Frage.

»Nimm ihn und komm mit!«, sagte Schöödün und trat aus der Jurte. Botajs Mutter, die als eine ihrem Mann treu ergebene Frau den Sohn im Geiste der Väter zu erziehen getrachtet hatte, hielt inne, und ihre Augen glänzten. Botajs Frau, die durch ihre Schwiegermutter in die Geschichte eingeweiht worden sein musste, fuhr zusammen und erstarrte.

Schöödün ging zum Fluss. Botaj folgte ihm. Es war Spätherbst, das Wasser war stark zurückgegangen, aber die Stelle, zu der sie kamen, war tief und mit Felsklippen besät. Schöödün holte einen langen, spitzen Dolch mit einem gelben Horngriff zum Vorschein und sagte, ohne Botaj anzublicken: »Fange also an!«

Dieser rührte sich nicht, gab aber zur Antwort: »Warum denn ich? Du bist ja gekommen!«

Schöödün: »Du von dir aus hättest es nie getan?«

Botaj: »Nein!«

Schöödün warf, weit ausholend, den Dolch in den Fluss. Botaj tat dasselbe. Darauf gingen die Männer aufeinander zu, fielen sich in die Arme.

»Ich habe das gewusst!«, rief Schöödün laut.

Botaj, der stocknüchtern war, taumelte: »Die Vergangenheit ist ein für alle Male begraben, und wir haben uns von den Unsitten der Väter endlich freigekämpft, Bruder!«

Ein Hammel wurde geschlachtet. Eine Flasche tauchte neben den Teeschalen auf dem Tisch auf. Ein Fest kam zu Stande. Tage später kam Schöödün wieder, diesmal führte er fünf Kamele an der Hand. Er nahm die Familie mit Jurte und Vieh zu sich. Schöödüns Mutter empfing die Ankömmlinge mit Milch in einer Schüssel. Botajs Mutter war die Erste, die den Ehrentrunk kostete.

Nicht nur die beiden Männer, sondern die beiden Familien wurden Tamyr zueinander: Schwurbrüder. Die Namen der einen Seite wurden von der anderen nicht mehr ausgesprochen. Dafür war das große Wort da: Tamyr, Tamyrs Mutter, Tamyrs Gattin, Tamyrs Sohn, Tamyrs Tochter …

Der Junge, der im darauf folgenden Jahr bei Schöödüns geboren ward, bekam den kasachischen Namen Tölegen. Das Mädchen, das einige Zeit später bei Botajs hinzukam, erhielt den Tuwa-Namen Orsa, woraus die fortschrittsgerichtete Schule später eine Rosa machte.

Ich habe einige Hemmungen, etwas zu erwähnen, was leicht nach einem süßlich-billigen Ende aussehen könnte. Aber die Wahrheit soll sein: Die Tamyr-Leute wurden auch Verwandte. Tölegen und Orsa heirateten einander. Was eine der wenigen Mischehen war, die man an den Fingern einer Hand abzählen konnte. So erregte sie einiges Aufsehen, aber was machte das schon? Kinder kamen, und das war Beweis genug, dass da nichts Verkehrtes geschehen war.

Der Überzieher

Das Postauto bringt mich zum wievielten Male nun schon in die Ecke, die ich mir noch Zuhause nennen darf. Unterwegs fällt ein heftiger Regen und begießt die meisten Reisenden. Unter den wenigen, die an der Haut trocken bleiben, bin auch ich, denn ich habe einen Umhang, Regenhaut genannt.

Mutter finde ich allein in der Jurte. Vater sei draußen in der Steppe, bei der Herde, berichtet sie, und ihre Stimme verrät Aufregung. Bald erfahre ich auch, woher diese kommt. Ein Überzieher, der einmal da gewesen ist und nun nicht mehr da ist, verursacht sie. »Ja, ja«, jammert sie, »der Kerl wird immer kindischer, je älter er wird – hat den schönen Mantel wieder weggegeben, diesmal nun an einen Stockfremden, der sein Unwesen wer weiß woher, wer weiß wohin getrieben hat, und nun muss der Himmel sein Wasser durch den alten Narren hindurchsieben!«

Mir ist zum Lachen und zum Weinen zugleich, weil ich meinen Vater kenne und mir gut vorzustellen vermag, wie es vor sich gegangen ist: Er begegnet einem durchweichten Reiter, fängt an, kaum hat er auf den Gruß geantwortet, auf jenen zu schimpfen, was für ein Herumtreiber er denn sei, der nicht an einen Überzieher denke, eh er sich in den Sattel setze. Schließlich zieht er seinen Mantel aus, wirft ihn dem andern über die Schultern, bleibt zurück mit einem sprudelnden Lächeln um den eisgrauen Schnurrbart.

Nass und durchfroren kommt der Vater am Abend heim, und da ist mir sehr viel mehr zum Weinen als zum Lachen. Zu zweit helfen wir ihm aus dem Zeug, das an dem alten, ungelenken Körper klebt, und stecken ihn in seinen alten zottigen

Pelz. Dabei klappern ihm die Zähne heftig wie im Takt der höhnischen Bemerkungen der Mutter, die, Peitschenhieben gleich, über ihn herprasseln. Nun erlebe ich wieder einmal einen Streit der Eltern, wie ich ihn seit dem ersten im Bewusstsein gebliebenen Tag meines Lebens kenne, wie er in den vielen Jahren die beiden einander trotzdem nicht verhasst gemacht. Im Gegenteil, darin muss eine Art Bedürfnis zum Gedankenaustausch gewohnt haben, denn er hat sie jedes Mal noch enger zusammengeschlossen.

»Etwas, was man anhat, einem Wildfremden so einfach wegzugeben!«, braust sie.

»Er hat es doch in dem Augenblick nötiger gehabt als ich«, stammelt er.

»Du bist wohl immer noch so dämlich und meinst, du seiest im Stande, allen Not Leidenden unter den Arsch zu greifen!«

»Schön wärs, wenn ich das könnte. Aber wenigstens war einmal einem Not Leidenden geholfen, oder?«

»Um darauf dummerweise einem anderen, das heißt, dir selber zu schaden! Denn du hattest den Überzieher, um deine mürben Knochen vor dem Himmelssturm und -regen zu schützen!«

»Nur haben meine Knochen vielleicht schon ausgedient, junge brauchen wohl mehr Pflege und Schutz!«

»Das kann doch nicht dein Ernst sein? Denn sonst wärest du nicht nur ein alter Narr, sondern obendrein auch noch ein alter Geizkragen. Hältst immer noch dies und jenes zusammen, was andere längst aus der Hand gelassen haben!«

»Schon wieder übertreibst du es, Alte. Oder soll es gar eine versteckte Unterstellung sein, ich sei ein Kramhüter?«

Ein schallendes Gelächter ist die Antwort darauf. Es enthält Zorn, und zu einem Teil wohl auch Mitleid.

Er hockt da, zottig und breit und schnaubt betreten wie ein

Hengst, der von seiner Stute einen Hufschlag vor die Brust bekommen hat.

Dann aber überwindet er sich und sagt leise: »Es ist doch weder ein Feuer noch eine Seuche ausgebrochen. Noch ist ein Unrecht geschehen. Es geht ja nur um einen Überzieher, der bald auch ausgedient hat. Der Junge sah danach aus, als brauchte er dringend einen. Und so wahr Friede über Land und Sippe herrscht und die Schafe weiterhin Wolle geben, werde ich zu einem Überzieher kommen, zu einem nadelneuen gar, den ich ohnehin längst verdient habe!«

Diese Wendung zum Frieden stimmt Mutter schnell um, sie sagt kleinlaut, während sie sich endlich an den Milchtee macht, den sie seit Stunden auf Glut heiß gehalten hat: »Der ist rot angelaufen. Mach dich damit trotzdem schon warm. Gleich koche ich einen neuen Tee für uns alle!« Vater gehorcht ihr willig, nimmt die dampfende Schale beidhändig entgegen und hält sie auch mit den beiden ganzen Handflächen umfasst und beginnt, nun noch heftiger zitternd, den Tee genüsslich-geräuschvoll zu schlürfen. Dabei sieht er nicht wie ein Greis unter bald sieben Jahrzehnten aus, eher schon wie ein Junge, der wieder einmal etwas verbrochen und darum gerade eine Rüge erteilt bekommen hat.

Ja, Rüge, und es liegt bereits eine andere in der Luft, die nun mich, den nach einer kleinen Ewigkeit endlich wieder heimgekehrten Nestling, treffen wird. Wie es aber damit bestellt ist, merke ich erst später. Die Augen der Klitschenassen auf dem Postauto schauen immer noch auf mich. Doch die Blicke, in denen ich vor Stunden Neugier und Neid zu sehen geglaubt habe, sprühen nun Tadel und Abscheu. Jetzt erst werde ich gewahr, was mit den Wasserspritzern geschieht, die vom Himmel auf mich zielen, die spiegelglatte Regenhülle treffen und daran abprallen: Sie rinnen zu aderigen Bächen zusammen und ergießen sich über fremde Knie und Hüften.

Diese Nacht liege ich lange wach. Zwei Schritte weiter höre ich Vater, der friedlich schnaufend den Schlaf eines Kindes schläft. Ich beneide ihn, auch dafür, dass er den Spätsommerregen eines Lebenstages im Vergleich zu seinem Kind um eine Wand dünner an der Haut hat erleben und so einmal auch hat frieren dürfen, und dafür jetzt in der zum Schlaf bestimmten nächtlichen Stunde mit den Bergen, den Steppen und den Herden unerschütterlich fest schläft.

Das Hasenfleisch

Dampfend stand das Essen in der Schüssel, gekochtes Hasenfleisch mit Salzbrühe und hauchdünnen Scheiben Bergzwiebeln in der Mitte. In Düfte aufgelöst, schien die Kindheit die Luft zu füllen und die Jurte wieder zu bewohnen. Irgendwann ist sie gewesen, hat sich dann für eine lange Stunde oder hundert kurze Jahre gelegt, und nun war sie wieder da, war wach und stemmte sich wohl heftig gegen den gemeinen Zeitfluss, der nach vorwärts alles aufriss und rückwärts hin es zuschüttete.

Den Augenblick empfand ich umso feierlicher, als mir bewusst wurde, dass hier der gastgebende Jäger ich war. Die vierjährige Nichte Tuja, die im Wachen und Schlafen immer meine Nähe suchte, seitdem ich wieder in der Sippe bin, wollte erneut unbedingt neben mir sitzen, gegen das Bedenken ihrer Mutter und meiner Schwester, sie könnte mir etwas bekleckern.

Kaum aber hatten wir angefangen zu essen, da geschah, dass die Kleine ein Bleikörnchen ausspuckte und es mir zeigte.

»Kugelsplitter«, sagte ich kurz.

»Kugel?«, fragte sie mich verwundert zurück. »Woher hat sie denn der Hase?«

Ich konnte schon vorher nicht leiden, wenn Leute beim Essen zu viel redeten, seitdem ich aber die Monster von Wohlstandskindern, die selbst bei Tische unterhalten werden möchten, einigermaßen habe kennen lernen müssen, hasse ich kleine Schwätzer fast noch mehr als große. Daher wohl gab ich nun recht schroff zur Antwort: »Daher, weil er damit totgeschossen worden ist!«

Schnell legte die Nichte das Stück Fleisch, das sie in der Hand hielt, zurück in die Schüssel und stand auf. Ihr Gesicht war bleich geworden. Was mit ihr wäre, wurde sie gefragt. Da stand sie schon an der Schwelle und schrie in Tränen erstickend: »Warum ist er denn überhaupt gekommen, wenn er uns die Hasen totschießt?!« Dann rannte sie hinaus.

Die Schwester, rotblass vor Wut und Scham, wollte aufspringen, doch ich konnte sie rechtzeitig zurückhalten. Die Schüssel blieb voll, keiner brachte es fertig weiterzuessen. So eine Stille war es.

Vaters Heimgang

Mutter berichtet, es sei für ihn höchste Zeit gewesen zu gehen. Schon vor drei Jahren habe ihm einmal der Verstand versagt. Unter seinen Kindern und Enkeln sitzend, habe er sich über den mittleren Sohn beklagt, der ihn unter fremden Leuten gelassen hätte und selber so lange nicht gekommen wäre.

Vater hatte sich öfters entschlossen zu sterben. Schon als er noch gut bei Kräften war, hat er behauptet, er würde es spätestens mit einundsechzig tun, in dem Alter, in dem auch sein Vater gestorben war. Als ihn dann dieser sein Lieblingsgedanke im Stich ließ, hat er gemeint, er warte noch darauf, den Jurtenrauch seines Jüngsten zu sehen. Dieser, der ich bin, hat zwar keine Jurte aufgestellt, aber in dessen Stadtwohnung, einem Zimmer von vier mal drei Metern, ist er gewesen und des Dampfes ansichtig geworden, der den Töpfen über dem elektrischen Herd entstieg, und sich an so manchen Leckereien aus der Hand seiner jüngsten Schwiegertochter gelabt. Den Weg dorthin hat er im Flugzeug sitzend im Flug zurückgelegt und dabei auf die Wolken, Berge, Wälder, Ebenen, Seen, Jurten und Herden aus der Höhe eines Adlers herabgeschaut. Und in der Hauptstadt hat er dann Dinge gesehen, die ihn wieder und wieder entzückten und glauben ließen, den tieferen Sinn dessen, weshalb er immer noch lebte, endlich erkannt zu haben. Aber gerade da spürte er in sich einen neuen Wunsch erwachen, und er wirkte, als er Mutter davon wissen ließ, beschämt, so, als könnte sie ihn für unverschämt halten: Wie wäre es, wenn auch sein Jüngster ihm ein Enkelchen schenkte und er, der zwanzigfache Großvater, nun sein einundzwanzigstes Enkelkind auf den Händen halten und ihm den Scheitel beriechen dürfte? Ihm erfüllte sich auch dieser Wunsch, aber auf andere Art, als er es sich vorgestellt hatte: Sein jüngster Sohn beglückte und belastete ihn mit ganzen vier Enkelkindern, und eines davon war ihm als Nesthockchen gegeben; diese wuchs in seiner Jurte, in seinem Brustlatz auf und war neun Jahre alt, als es endlich geschah.

Man hatte ihn mit siebzig Jahren samt Jurte und Herden an der Spitze seiner Sippe in das jenseitige Artyschtyg-Tal des Eisschneegipfels Haarakan, seine Jugendbleibe, ziehen, dort einen Sommer lang leben und zum Schluss ein Dankes- und Abschiedsfest geben lassen. Und da hat er verlautbaren lassen: »Himmel, du kannst mich jede Zeit zu dir nehmen, denn mir ist auf Erden jeder Wunsch erfüllt!« Aber auch dann hat er noch vier Jahre dableiben dürfen.

Bruder Galkaan, das Vaterkind, berichtet, bevor Vater verstarb, habe er um eiskaltes Flusswasser gebeten. Und dann, nachdem er zwei volle Schalen davon hintereinander hintergekippt hatte, sprach er: »Wie herrlich bist du Wasser meines Altai, ach, und wie gut, dass du meinen Kindern bleibst!« Das waren seine letzten Worte nach vierundsiebzig Jahren auf der Erde. Die Schamanen singen von drei Meeren, dreiunddreißig Flüssen, dreihundertdreißig Seen und dreitausenddreihundertdreiunddreißig Quellen des Altai. Demnach hat uns unser Vater das alles zurückgelassen.

Das Nesthockchen berichtet, bei seinem Großvater habe sich zuerst das Gehör zurückgezogen. Denn er habe mit einem Mal auch ein lautes Rufen nicht mehr hören können. Dann sei es das Augenlicht gewesen, was ihn verließ. Denn er habe seine Anwesenheit erst wieder gespürt, als das tränennasse Gesicht auf seine Stirne drückte. Der Verstand sei dem Körper sehr langsam entwichen. Die Finger hätten seine Hand noch lange gestreichelt, bis sie irgendwann still wurden. Am zähesten sei die Wärme gewesen, die den Großvater bewohnt habe. Als die Nachricht längst in alle Himmelsrichtungen gegangen war, hätten die Füße immer noch Wärme ausgestrahlt. Sie hätten den Großvater erst in der Nacht verlassen. Am Morgen dann waren die Füße kalt. Großvaters Wärme hat für das Nesthockchen viel bedeutet. Sein warmer Schoß hat es vor vielen Stürmen, vor den Kälten des Altai inmitten des Eisschnees eine Kindheit lang geschützt.

Tante Galdarak, seine jüngste Schwester, berichtet, Vater sei nicht gestorben, er sei nur eingeschlafen. Denn zum Sterben sei keine Zeit gewesen. Sie habe ihn die ganze Nacht und den ganzen Vormittag bewacht, seinen Atem Zug um Zug verfolgt. Da es sie zu sehr nach Rauchen verlangte, was sie sich bei dem ältesten Bruder nie habe erlauben können, habe sie ihn verlassen. Und sie habe sich in der Nachbarjurte eine Zigarette gedreht, angezündet und in aller Hast geraucht. Als sie darauf zurückkam, hieß es, es war geschehen. Sie, die auf die Sechzig zugehe, habe dem Sterben öfters beigewohnt, und es sei da immer laut und zäh, da und dort auch schwer und quer zugegangen. Aber ihr Bruder sei ein Mensch von Seltenheitswert, ein Edelstein unter den menschlichen Steinen gewesen. Denn er habe nie einem anderen Böses getan. Vielleicht ginge der Todesbote mit so einem anders um. Es sei ein seichteres und leichteres Sterben in dem Falle gewesen, ein tieferes Einschlafen eben. Und darum sollte man nicht von Tod reden und nicht jammern. Lieber sollten wir leise sein und den Glücklichen ungestört weiterschlafen lassen.

Onkel S. berichtet, da sein älterer und einziger Bruder nicht mehr auf Erden, sei der Tag gekommen, an dem er sich endlich erwachsen zeigen müsse. So wisse er nun auch, dass er viel Böses angerichtet, bisher insgesamt schlecht gelebt habe. Daher gälte es für ihn, sich zu verbessern. Es gälte aber auch, die Lücke zu schließen, die durch den Abgang des Ältesten entstanden sei. Also sei demnächst zu erwarten, dass aus dem Missratenen ein anderer, endlich ein des Namens seines Vaters würdiger Mensch werden würde.

Was ich, übrigens, nicht zu glauben vermag. Doch ich weiß, der, von dem die Rede ist, würde es ihm gerne abnehmen, hörte er gerade die tränige Beteuerung. Mehr noch, er würde allein deswegen einige Jahre früher gestorben sein wollen. Dafür war er ja Schynykbaj. Und gerade darum wird sich die Lücke nicht schließen lassen.

Zwiegespräch mit den Gegangenen

Ankunft. – Seid gegrüßt, Brüder, Schwestern, Väter, Mütter, Ahnen! Seid gegrüßt, all ihr Vergangenen!

Wisst ihr, wo ihr seid? Das ist Oruktug, das große grüne Tal, die ewige Weide und Wiege hunderter von Herden und tausender von Menschen. Vorn ist Haarakan, der große weiße Gipfel mit dem großen schwarzen Kessel. Oben ist der große blaue Himmel mit der großen gelben Sonne. Ringsum ist Sommer. Es ist wie zu euren Zeiten. Es ist ein großer Tag.

Wisst ihr, wer wir sind? Hylbang, hier bin ich, dein Enkel, angekommen, als du schon fünf Jahre Erde warst. Amyj, dort ist dein Sohn, dein Einziger, auf den zu warten dir die Kraft nicht reichte. Ihr alle! Hier sind wir, der Enkel des Hylbang und der Sohn des Amyj; wir sind wieder da.

Hört ihr den Lärm der Herden, das Gebell der Hunde, den Gesang der Menschen – die Stimme des Lebens? Seht ihr die Jurten da unten, den Dampf, die taumelnden Menschen Arm in Arm. Das Volk feiert die Rückkehr der lang erwarteten Söhne. Es will ihnen die ersetzen, die in der Runde fehlen.

Hört ihr aber auch die Klage, die hier und da im Gesang mitklingt? Sie gilt euch. Unsere Wangen sind nass, der Milchbranntwein ist stark.

Hörst du deinen Sohn schluchzen, Amyj? Fühlst du seine zittrige Brust, sein nasses Gesicht, Erde. Er weint um dich. Kannst du ihm nicht das Gesicht streicheln, ins Ohr flüstern? Kannst du dich auch mir, dem Enkel des Hylbang, deines Erdengottes, nicht eröffnen, du Deut Geschichte? Oder bist du der Wind, der uns die Tränen trocknet und in den Ohren summt?

Wir haben das Fest heimlich verlassen. Dein Dshandyk konnte den Sack nicht austrinken, die Schüssel nicht leer essen, denn einen Flintenschuss entfernt bist du Erde, Amyj – deinetwegen ist er gekommen. Ich bin seinet- und auch deinetwegen hier, armer Mann zu deiner Erdenzeit. Ich bin auch euretwegen gekommen, ihr Hügel, ihr Mulden.

Sei nicht gekränkt, Großvater, dass ich nicht allein deinetwegen gekommen bin. Ich habe keine Tränen um dich geweint, ich kenne dich nicht, doch hätte ich dich gern gekannt, reicher Mann zu deiner Erdenzeit. Ich will dich befragen.

Wer seid ihr Hügel, auf denen noch kein Gras gewachsen? Oder habt ihr schon keinen Namen mehr? Gibt es keine Unterschiede? Ist nur noch Hügel gleich Hügel?

Wen birgst du, Hügel, der du so flach dich wölbst, dass du schon zehn Jahre alt sein könntest und bist doch locker und schwarz? Birgst du Gök-Anaj? Er war einer der Letzten gewesen. Birgst du nun ihn oder einen anderen – einerlei, auch deinetwegen bin ich gekommen.

Wir sind gekommen, um euch wiederzusehen, ihr tränenschweren Hügel. Wir haben lange Jahre draußen verbracht, ihr hoffnungsgrünen Mulden. Wir gingen nicht verloren, taten unsere Pflicht. Wir wollen euch erwandern, wollen euch befragen. Wir wollen Erinnerungen auffrischen, wollen Geschichten überprüfen, wir tun es nicht um des Todes, sondern um des Lebens willen.

Gök-Anaj! – Du konntest deine Abstammung bis ins dreizehnte Glied zurückverfolgen. Der erste in der Reihe war bei den Tataren gewesen und siebenunddreißigjährig von ihnen geköpft worden, da er den Passgänger ihres Fürsten gestohlen hatte. Das erzähltest du.

Du warst von niedrigem Wuchs, hattest kleine helle Augen und einen ausladenden Hinterkopf. Im Sommer standen dir die Mundwinkel grün, denn du kautest Gras – eine Gewohnheit aus der Jugendzeit, als du lange Ritte über Fernen machtest, um behuftes Diebesgut herzuwälzen. Du hattest kurze gelbe Zähne, die abgewetzt waren wie bei einem alten Schaf und dir bis zu deinem letzten Tag vollzählig erhalten blieben.

Dein Bruder Pagwy war dir zum Verwechseln ähnlich, nur dass er stets eine Mütze trug, während du keine anhattest. Man erzählte, du seiest zwei Jahre älter als er. Aber man sah euch keinen Altersunterschied mehr an, ihr schient ein und derselbe Mensch zu sein, der mit Mütze Pagwy und ohne Gök-Anaj hieß.

Doch ihr vertrugt euch nicht. Denn ihr hättet euch, so erzählte man, beim Teilen der Diebesbeute nicht einigen können. Ist das wahr? Ihr hattet beide viel Vieh. War alles gestohlen?

Von eurem Vater Dawaatschy erzählte man, er sei ein kleiner Dieb gewesen und sein Lebtag lang arm geblieben. War früh gestorben und zwar unter dem Prügelstock des Fürsten, da er sich an einem Hammel aus dessen Herde vergriffen. Das vergaßen die Leute nie zu erwähnen, wenn sie von euch, den beiden Söhnen jenes kleinen unglückseligen Diebes redeten.

Euren Vater verabscheuten die Menschen, euch beide aber bewunderten sie. Weshalb, weißt du es? Weil er, so hieß es, die eigenen Leute bestahl und dabei arm blieb, während ihr euch an Fremde hieltet und sie so bestahlt, dass ihr davon reich wurdet. Gegen solchen Diebstahl hatte wohl niemand etwas?

Als euer Vater starb, warst du, der Ältere, noch keine zehn Jahre alt. Eure Mutter musste betteln gehen, damit ihr nicht verhungertet. Sie holte auch Aas aus dem Ail meines Großvaters. Er meinte es gut mit dir und ließ die fettesten Stücke für sie aufheben. Einmal schenkte er ihr auch eine Stute, die den Frühjahresumzug nicht hätte überstehen können. Das Tier war alt und mager. Eure Mutter blieb den ganzen Sommer mit euch im Winterlager, um es zu pflegen. Ihr lebtet nur von Zwiebeln und Wasser, aber die Stute kam wieder zu Kräften, fohlte sogar.

Im Herbst darauf sagte mein Großvater zu deiner Mutter: »Das ist ein Zeichen dafür, dass du gut zu mir stehst.« Und er schenkte ihr eine weitere Stute, die dann einige Male fohlte. So hattet ihr eure Reitpferde, als ihr heranwuchset.

Erst unternahmt ihr mit erfahrenen Dieben ein paar Ausritte hinter einigen Bergen. Dann zogt ihr zu zweit los, und bald schon wagtet ihr, wozu bis dahin auch den berüchtigtsten Dieben der Mut gefehlt hatte: Ihr rittet über den Altai nach Süden und den Tangdy nach Norden, ihr wart bei den Uiguren, Kasachen, Chinesen, Teleuten und Russen; ihr bliebt zwanzig Tage, einen Monat, viele Monate weg, kamt aber dann immer mit Beute zurück: mal war es eine ganze Herde Pferde, mal waren es russische Gewehre, mal waren es chinesische Seiden. Nach und nach kamt ihr zum Reichtum. Dann aber kam die neue Zeit. Doch da hattet ihr schon euren Zwist, jeder lebte für sich, jeder hatte seine Familie.

Eshej sagten wir zu dir. Du brachtest Bonbons mit, berochst uns, schenktest uns lauter kecke, buschelbärtige Zicklein und zahme, stummelohrige Lämmer. Du erzähltest uns von unserem Großvater, der gut zu deiner Mutter gewesen war – das hattest du nicht vergessen. Aber auch zu den anderen Kindern warst du gut. Deine Frau war ein lieber Mensch. Enej nannten wir sie uns. Auch sie beroch und beschenkte uns. Nur gebar sie dir keine Kinder. Und das war dein großer Kummer. Du trankst viel, reicher, unglücklicher Mann. Und wenn du betrunken warst, beludest du deine Frau mit Schmähworten, doch du schlugst sie nie. Sie ertrug es still, und wenn sie etwas sagte, dann nur: »Der Alte hat den Kopf wieder in der Hose. Das ist gewiss eine Folge seiner Missetaten. Ihr werdet sehen, Leute, die größere Strafe wird noch kommen.«

Sie war genauso unglücklich über ihre Kinderlosigkeit. Ich habe ihre Tränen gesehen, habe ihre Klagen gehört, habe gespürt, wie gierig sich ihre Nase an meine Schläfe drückte, wenn sie mich beroch. Wohl hast du das selber gewusst und ihr nicht aus Dummheit unrecht getan, sondern weil deine Bedrängnis zu groß war, als dass du sie allein hättest ertragen können.

Ihr nahmt vier Jungen an Kindes statt an, hieltet sie so liebevoll wie andere Eltern oft ihre eigenen Kinder nicht, doch alle vier verließen euch, als sie heranwuchsen. Der Älteste hat dich sogar einmal so verprügelt, dass du, wie es hieß, einige Tage nicht im Stande warst, Fleisch zu essen.

»Wer sich um Menschen kümmert, dem wird der Kopf blutig; wer sich um Tiere kümmert, dem wird der Mund fettig«, pflegtest du zu sagen. Du redetest in Sprichwörtern, besser: Was du sagtest, wurde zum Sprichwort. Nicht selten sprachst du in Versen – warst du ein Dichter?

Ich versuche mich an deine Worte zu erinnern.

»Kommt Schynyk nach Hause, sieht er euch.
Komme ich nach Hause, wen sehe ich?
Greife ich um mich, gerate ich an meine Ohren.
Blicke ich um mich, sehe ich meinen Schatten.
Allein stehe ich wie ein Pflock.
Was ich getan, war Diebstahl.
Was ich gesagt, war Lüge.
Die Hürde habe ich voll Schafe gesammelt,
Die Jurte aber gähnt mir vor Leere …«

Damals warst du betrunken, du berochst uns einen nach dem anderen, wir stellten die Kanne mit dem Milchbranntwein vor dich hin und sagten: »Trink, Eshej!« Allein, du sahst sie nicht, hörtest die Worte nicht, betätscheltest uns nur und schluchztest dazu.

Als dann unsere Eltern zurückkehrten, weinte Mutter mit dir, und Vater tröstete dich. Und du ließest dich trösten, betrunkener, weiser Mann! Als du wegrittest, hörten wir noch aus deinem Mund:

> »Arm war ich, dass meine Mutter kein Zicklein beim Umzug vor sich hertrieb.
> Mager war ich, dass mein toter Leib keine Krähe gesättigt hätte.
> Nun bin ich ein besitzender Mann mit sechshundert weißen Schafen.
> Mein ist eine weiße Jurte mit sechs Gitterwänden.
> Ich reite einen Passgänger, wie mein Fürst ihn nicht beritten.
> Ich trage Seide und Samt, wie unsere Reichsten sie nicht getragen.
> Tee trinke ich aus einer silbernen Schale.
> Fleisch esse ich aus einer vergoldeten Schüssel.
> Schon hat mein Alter die siebzig überschritten.
> Doch bin ich gesund und munter, wie ein Vogel in der Luft, wie ein Fisch im Wasser.
> Sind die fünf Finger, die der Hand entsprießen, nicht kurz und lang?
> Warum sollte ich klagen, dass mir dies eine Glück noch fern geblieben?«

Du wusstest noch, welches Pferd und welche Tracht einen vor Jahren geschmückt hatten. Konntest die Abstammung jedes der Menschen bis ins siebte Glied zurückverfolgen. Du konntest weder lesen noch schreiben, aber ganze Zahlenreihen im Kopf rechnen. Weißt du noch, dass du schneller rechnetest als der Milchabnehmer mit dem Rechenbrett, der die Menschen um manche Liter betrügen wollte. Wärest du ein halbes Menschenalter später geboren, seltsamer Mensch, hättest du der erste Tuwa-Doktor werden können.

Mit euch beiden Söhnen des Dawaatschy spielte das Leben ein grausames, die Mitwelt verwirrendes Spiel. Euer beider Frauen begingen Selbstmord, ihr beide wurdet blind und hattet Pech mit Kindern – deinem Bruder starben sie alle weg, bis auf den nichtsnutzigen Sohn, der Dichter werden wollte und sich dem Trunk hingab, weil er es nicht schaffte.

Als blinder Mann gabst du dein Vieh der Genossenschaft und behieltest nur fünfzehn Stück für dich, wie jeder andere auch. Dieser Rest aber wollte nicht gedeihen – einige krepierten, andere kamen weg, und die Letzten verschenktest du. Du selber solltest in ein Pflegeheim kommen, aber du wolltest nicht, sagtest: »Hier bin ich geboren, hier werde ich auch sterben.« Du bliebst und bekamst von der Genossenschaft dreißig Tugrik Unterstützung im Monat. Sehr schlecht ging es dir nicht – du konntest schlafen, wo es dir gefiel. Die Gastgeber entschädigtest du mit Geschichten. Manche Jurten behielten dich einen ganzen Monat. Man hörte dir zu, als läse man in einem Buch.

»Ich hieß Gök-Anaj, der Dieb. Ich hieß Gök-Anaj, der Reiche. Ich hungerte, fror, schlief keine Nacht ruhig dabei, ich hatte keine Mütze. Nun heiße ich Gök-Anaj, der Blinde, bin satt, habe es warm, schlafe fest. Und ich habe eine Mütze. Habe keine Angst, dass ein Unwetter kommen und mir die Herde nehmen könnte. Der Tod ist mir weniger schrecklich als selbst ein Hundegreis. Ich weiß, wie die Welt aussieht, habe nichts vergessen. Ich erkenne, wer woraus geschnitzt ist, ich höre und denke noch.«

Wie war dir zu Mute, als du dies sagtest, blinder, alter Mann?

Ja, es gab Leute, die dich Blinden nicht mehr grüßten. Erinnerst du dich an das Fest im Ail des Ydmaj? Du sagtest: »Blinde machen Stumme. Gök-Anaj, Sohn des Dawaatschy, hat, erblindend den sehenden Ydmaj, Sohn des Höjuk-Dshanggy, stumm gemacht. Vor acht Jahren, genau vier Tage vor Herbstanfang, haben sie zusammengesessen, Fleisch gegessen und Milchbranntwein getrunken. Da war der Sohn des Dawaatschy reich, konnte sehen, und der Sohn des Höjuk-Dshanggy war arm, konnte sprechen.«

Du konntest es nur erahnen, blinder, schrecklicher Mann: Ydmaj hatte einen roten Kopf, der vor Schweiß glänzte. Das Fest wurde nicht gut.

Man munkelte, dass euch, beide Söhne des Dawaatschy, der Fluch eines teleutischen Schamanen verfolgte, dem ihr das geweihte Pferd gestohlen hattet. Du selbst erzähltest, dass ihr das Pferd tatsächlich genommen, ihm die bändergeschmückte Mähne abgeschnitten und ins Wasser geworfen hattet, nur glaubtest du nicht, dass dies der Grund für euer Missgeschick sein könnte.

Sagtest du vielmehr nicht etwas von Hitze und Durst und Zwiebeln? Schmunzelnd sprachst du zu den Leuten, die daran glaubten. »Stehlen ist Sünde. Aber die heilige Mähne mit den bunten Bändern hat Menschen betrogen. Ich habe sie vernichtet und damit ein gutes Werk getan. Wenn wir uns alle im Himmel wiedersehen, dann werdet ihr mir glauben, ihr Guten.«

Du bliebst ungläubig, genialer Schurke! Und starbst im Winter 1972, vierundachtzigjährig.

Amyj! – Du kanntest weder Vater noch Mutter. Und wusstest auch nicht, wie alt du warst. Du hattest ein Greisengesicht. Das sollst du schon damals gehabt haben, als man dich fand und unter die Menschen holte.

Erinnerst du dich noch, wie oft wir dich nach all dem fragten, was du nicht wusstest.

»Wo kommst du her?«

»Ich weiß es nicht, Kindchen.«

»Wie alt bist du?«

»Ich weiß es doch nicht, Meinchen.«

»Warum weißt du es nicht?«

»Woher soll ich was wissen, wenn ich von Anfang an nichts wusste, Dingelchen.«

Wir wurden nicht müde, dich weiter zu befragen, obwohl wir wussten, wir würden aus deinem Mund nur die eine Antwort zu hören bekommen. Denn wir fanden es seltsam, dass ein erwachsener Mensch Dinge nicht wusste, die sogar wir Kinder wussten. Und die Anreden, die du für den Fragesteller benutztest, erschienen uns lustig.

Man meinte, du seiest ein halber Schneemensch. Die Jäger hatten dich mit einem gebrochenen Bein in einer Schlucht hinter Örmegejti gefunden und zu dem Ail gebracht, wo alle Gestrandeten gewöhnlich landeten. Du hättest, hieß es, von dir keinen Laut hören lassen, viele Monate lang. Ein Schamane hätte dir durch einen Stich mit einem glühenden Pfeifenkopf auf die Brust die Sprache gegeben.

Warum hast du so lange geschwiegen und dann doch angefangen zu reden? Musstest du unsere Sprache erst erlernen? Oder gab es so lange nichts, worüber zu reden es sich lohnte?

Deine Jurte stand immer abseits vom Ail. Sie war winzig und dunkel und glich einem räudigen schwarzen Lamm am Rand der Herde. Andere Jurten waren alle größer und heller.

Kaum waren wir aufgestanden, rannten wir Kinder zu euch. Dshandyk saß noch im Bett und löffelte dampfendes Milchwasser aus einer Holzschale. Das Bett war ein abgenutztes Pferdefell, ein zusammengerollter Lawaschak war das Kopfkissen. Deine Frau bewirtete uns mit Milchwasser, und wir tranken die Messingkanne leer. Du hocktest am Herd, stütztest dich auf deine langen, nach außen krummen Arme, hieltest den Kopf schief, und der Mund stand dir dabei immer halb offen. Du sahest uns zu, stumm und aufmerksam wie ein

Hund, der auf eine Geste wartete. Unsere Wünsche waren dir willkommen, waren Befehle.

Allein Fragen ertrugst du schlecht, sie verwirrten dich. Wie viele Fragen hast du dein Leben lang unbeantwortet gelassen, seltsamer Mensch! Du berochst uns nie, strichst uns lediglich übers Haar, und dies nur, wenn keiner es sah. Deine Hände waren breit und grob, außen dunkel und innen hell, wie Bärentatzen, doch von ihrer Schwere war nichts zu spüren, wenn du uns streicheltest. Deine Augen waren groß und rund, dein Kopf- und Barthaar war lang und schwarz und buschig – wärest du in einer späteren Zeit geboren, hättest du eine schöne Frau bekommen.

Deine Frau war nicht schön, armer Mann. Statt der Nase hatte sie zwei dunkle Löcher mitten im Gesicht. Schon damals, als sie in den Ail des Großvaters kam, hatte sie keine Nase mehr. Sie war eine sitzen gebliebene alte Jungfer. Wolltest du sie heiraten? Oder musstest du es tun?

Was war dir, Amyj, dem Sprössling eines Unbekannten, mein Großvater, der Sohn des Tümen? Fiel dessen Name, wurdest du ganz und gar andächtig, und deine Augen liefen feucht an. Du sollst ihn Vater genannt haben. Sagte er auch Sohn zu dir? Und hielt er dich wie einen der eigenen Söhne?

Du teiltest aber mit dessen Söhnen und Schwiegersöhnen die Pflichten. Teiltest du auch das Vieh mit ihnen? Und warum war deine Jurte anders als die von denen? Viermal im Monat aßen wir frische Nieren; wie oft bekam dein Dshandyk welche?

Ich weiß, mit welcher Hingabe du der Kleinarbeit nachgingst, die dir zufiel. Erinnerst du dich noch an den flüchtigen Schafbock? Du solltest ihn zum Nachbarail bringen, zerrtest ihn beidhändig am Hals voran, wir kamen mit. Jeder von uns hatte eine Lassoleine bei sich. Wir sagten, du könntest den Bock loslassen, wir würden ihn bis ans Ziel treiben. Dabei wussten wir natürlich, dass er zurücklaufen würde, zu der eigenen Herde. Es machte uns Spaß, das Lasso nach dem Flüchtenden auszuwerfen.

Du ließest dich von uns überreden, ließest ihn los, und sogleich preschte er zurück, jeder warf sein Lasso nach ihm aus, keiner traf. Da begannst du mit den Füßen zu trampeln, mit den Armen zu fuchteln und wie von Sinnen zu schreien auch noch. Entsetzt rannten wir dem Bock hinterher, der schneller war als wir und sich bald zur Herde gesellen konnte. Mit reichlicher Müh und argem Schuldgefühl brachten wir dann das wieder eingefangene Vieh zurück. Und fanden dich wieder: auf der Stelle wirbelnd, in einer Staubwolke, heiser geschrien. Wir standen eine ganze Weile um dich herum, verschreckt, eh wir einen Laut aus uns herausbringen konnten. Und endlich, als du sahest, dass wir den Bock zurückgebracht haben, hörtest auf zu springen und zu schreien. Tränen saßen in deinem Bart, hell und rund, erfrorenen Beeren im Strauch gleich. Dann nahmst du den Bock uns ab und setztest den mühsamen Kampf fort, noch immer schluchzend.

Wir waren unfähig, einen Schritt mitzugehen, wir standen im Staub und kamen aus dem Staunen nicht heraus. Wir hatten Weinende gesehen, wir hatten Schreiende gehört, aber so etwas hatten wir bislang nicht erlebt. Und wir wunderten uns noch mehr, als du kehrtmachtest, nach ganzen drei Stricklängen, die du so mühsam zurückgelegt hattest, alter, magerer Mann, im Kampf gegen den jungen, fetten Bock. Du kamst bei uns an und sagtest: »Erzähl das bitte keinem Menschen, liebe Kinderchen!«

Du warst gekommen, um uns das zu sagen, du hattest es nicht herübergerufen, hattest uns nicht zu dir hinübergewinkt.

Wir haben es für uns behalten, armer, lieber Mensch.

Hylbang! – Du hattest zweitausend Schafe, zweihundert Pferde, hundert Yaks, zwei Söhne und drei Töchter.

Deine Kinder haben das Vieh anderen abtreten müssen. Unsere Genossenschaft besitzt einhundertdreißigtausend Köpfe Vieh, wie viele darunter aus deinen Herden stammen, weiß keiner.

Deine Söhne leben noch. Dem Älteren, meinem Vater, wurden neun Kinder geboren, vier haben es überlebt. Ich bin der Jüngste, habe Kinder und kein Vieh. Doch ich habe immer Gutes zu essen und anzuziehen. Ich bringe Menschen Wissen bei und bekomme dafür so viel Geld, dass ich dafür jeden Monat acht Schafe kaufen könnte. Aber ich brauche sie nicht, gebe das Geld für Essen, Kleidung und Bücher aus und muss auch Miete zahlen, denn das Haus, in dem ich wohne, gehört mir nicht. Ich lebe so entfernt von hier, dass man zu deiner Zeit einen ganzen Monat für den einen Weg gebraucht hätte, den ich jedoch innerhalb eines halben Tages nur zurücklege. Denn ich reite nicht, ich fliege in einer eisernen Kiste, und in dieser kann ich schlafen oder essen und trinken oder schreiben. Und Schreiben ist für mich Arbeit, wie Viehhüten für dich eine war. Mein Vater hat fünfzehn Enkelkinder.

Dein jüngerer Sohn, Sama, hat vierzehn Kinder gezeugt, acht sind noch am Leben. Siebenundzwanzig Enkelkinder hat er. Deine älteste Tochter Buja hat acht Kinder geboren, vier davon leben noch, dreizehn Enkelkinder wachsen da heran. Sie selber ist vor drei Jahren gestorben. Die mittlere deiner Töchter, Schimid, hat ein kurzes Leben gehabt; der Geburt ihres Erstlingskindes ist sie erlegen, neunzehnjährig. Deine Jüngste, Galdarak, ist bald sechzig Jahre alt, ihre einzige Tochter hat vor kurzem einen Jungen zur Welt gebracht.

Mein Vater ist das Oberhaupt der Sippe, nach ihm wird Sama es sein. Was danach kommt, weiß ich nicht, glaube aber, da wird man nicht mehr in Sippen leben, denn deine Kinder gehören zu den Letzten, die noch zusammenhalten.

Man erzählt, du warst reich, Großvater, kehrtest aber deinen Reichtum nie hervor. Die Viehherden waren tatsächlich dein ganzer Besitz, du gabst dich weder mit Silberschalen noch mit Goldringen, weder mit Mützen aus Zobel und Biber noch mit Trachten aus Samt und Seide ab. Nur einmal trugst du einen Lawaschak aus dunkelroter Baumwolle, sonst stecktest du sommers wie winters in Schaffell wie die anderen Menschen auch. Lange Jahre kümmertest du dich selber um das Vieh – hütetest tags die Schafe und bewachtest nachts die Pferde. Und dies, solange du selber auf gesunden Beinen standest und deine Kinder noch klein waren.

Dann warst du beschädigt, hinktest und musstest am Stock gehen. Aber da waren die Kinder schon herangewachsen, die nahmen dir die Arbeit ab, und du konntest dich niederlassen. Dann fingst du zu trinken an. Es wird erzählt, dass du gegen Ende des Herbstes zu fragen pflegtest, wo der Ail übersommert hätte. Als du starbst, stand am Kopfende deiner Liegestätte die Lederkanne halb voll mit Milchbranntwein. Und die Erzähler solcher Geschichten tun es voller Bewunderung. Sie selber würden es am liebsten dir gleich tun. Aber wie sollen sie es tun? Ihnen fehlt das Zeug dazu!

Wäre dies jedoch alles gewesen, was du in den einundsechzig Jahren deines Erdendaseins vollbracht hast, wärest du vergessen worden wie viele andere auch. Dann wärest du eine längst hingeweinte Träne vielleicht, und ich hätte weder auf dich stolz zu sein noch mich deinetwegen zu schämen brauchen, Hylbang.

Du sammeltest lauter arme Schlucker um dich. Die einen holtest du zu dir, die anderen kamen von selber zu dir. Alle nannten dich Vater. Sie verspritzten ihre frisch gemolkene Milch morgens in Richtung unseres heiligen Haarakan und deiner Jurte, sie legten sich abends hin, des Himmels und deinen Namen zwischen den Lippen.

Omasch, die vom Stamm der Teleut, hat bis vor kurzem gelebt. Sie kam zweimal im Jahr: im Frühsommer mit ihrem ersten Milchbranntwein und im Spätherbst mit dem letzten zu deinem älteren Sohn, der kein so großer Trinker ist, wie du einer warst. Er sollte ihn an deiner Stelle trinken. Heute kommen alle ihre Kinder auf den Spuren der Mutter zu uns. Sie sagen, andere sagen es auch: Du habest ihnen, armen Zugewanderten über Grenzen und Todesgefahren hinweg, Jurte und Vieh gegeben.

Die Witwe des Kasachen Kuanyschbaj lebt noch, ich habe sie in der Fremde getroffen. Ihre drei Söhne hatten nach mir gesucht, und als sie mich schließlich fanden, sagten sie: »Wäre Hylbang nicht gewesen, wären wir wohl verhungert. Da er nun tot ist und sein Sohn fern, so sei du, sein Enkel, unser Gast!«

Ich war ihr Gast, aß und trank und schlief auf einem dicken Teppichpolster, und ich tat es an deiner Stelle, tat es gerne, Großvater. Und all das, nachdem du schon vierunddreißig Jahre Erde bist. Sag, warst du wirklich ein Edelmütiger, ein vom Himmel Auserkorener, ein Übermensch?

Es gibt aber auch andere Geschichten.

Ich war noch ein Kind, war nicht lange in der Schule, war aber schon an manchen Raufereien beteiligt. Da hörte ich einen Tadel aus dem Munde des Lehrers Lündük, Sohn des Taja, er nannte mich Kulakenbrut. Ich hörte und spürte den Ekel, der sich über die ganze Klasse verbreitete, als dieses Wort fiel. Später benutzten die Schüler es, immer gegen mich. Und es traf mich immer schwer, schlimmer als ein Faustschlag, als ein Schlangenstich wohl auch.

Einmal kam Dshoksum zu uns, der Sohn der Dshugdurak, die dich auch Vater genannt hatte. Er war betrunken, schlug mit der Peitsche auf unsere Jurte ein und brüllte: »Kulakennest!« Unser Vater war nicht da, unsere Mutter fragte den Tobenden: »Was haben wir dir Böses getan, Bruder?« Und die Antwort darauf lautete: »Dein Schwiegervater hat mich unterdrückt und ausgebeutet! Die Jurte und das Vieh waren nur der Köder. Damit hatte man einen in der Hand und konnte ihn für sich arbeiten lassen!«

»Hättest du aber nicht so oder so arbeiten müssen, Sohn der Dshugdurak? Aus dem Mund deiner Mutter habe ich gehört, dass jenseits der südlichen Schneeberge zwei deiner älteren Bruder verhungern mussten. Mir ist, du und deine Mutter waren im Ail meines Schwiegervaters immer satt!«

»O ja, wir waren satt wie die Hunde, die am Hürdenrand Aas fraßen. Von dem Vieh des Hylbang krepierten mehr, als dass alle Hunde und Bettler Tuwas es hätten vertilgen können. Wir nannten ihn Vater, durften tagtäglich beliebig oft Fleisch kochen und uns damit rund mästen, aber das war es auch alles!«

Warst du, Großvater, ein Berechnender, ein Ausbeuter gar? Was warst du? Beide Seiten können nicht gleichzeitig Recht haben!

Du aber schweigst. Bist tot, bist Mulde nur. Bist unerreichbar.

Erreichbar sind nur wir, deine Nachfahren, denen du deine Geschichten zurückgelassen hast, zur Stütze und zur Last.

Stimmen der Verwandelten: Wir sind nicht vergangen, wir sind verwandelt. Wir sind Licht und Schatten, Luft und Gras, Erde und Stein. Vermisst ihr uns, so geht in den Tag und die Nacht hinaus und befühlt und beriecht und belauscht die Erde mit dem Stein und dem Gras, den Himmel mit den Wolken und dem Wind.

Wir sind auch Erinnerungen und Geschichten. Bewahrt sie, denn sie sind da für euch und alle, die nach euch kommen werden.

Wir sind Gleiche, kennen keinen Reichtum und keine Armut mehr. Doch haben wir nicht vergessen, was sie bedeuten. Es ist gut, dass die fremde Sitte, auf Gräbern Lasten zu häufen, um Reichtum vorzutäuschen, nicht über uns gekommen ist. Beneidet auch künftig die Fremden nicht um ihre Sitten und tut uns und euch nicht solches letztes Unrecht an. Jeder Reichtum, der ein Grab belastete, wäre im Reich der Gleichen ein unauslöschliches Schandwerk. Das beste Gold ist hierzuwelten wertlos. Darum, behaltet es. Behaltet auch die Ziegel- und sonstigen Steine für kleine und große Denkmäler. Lasst die Menschen so gehen, wie sie gekommen sind: frei von Bürde.

Nicht Hitze und nicht Kälte gibt es für uns. Und nicht Lug noch Trug, es ist ein schmerzfreies Reich. Wir müssen keinen Edlen stürzen und keinen Halunken sich erheben sehen. Wir kennen nicht Kummer noch Ärger.

Aber wir kennen auch keine Freuden mehr. Für uns gibt es kein Frühlingserwachen und kein Wiedersehen mehr. Wir hören keinen Vogel zwitschern und sehen keine Knospe aufspringen.

Wir sind ohnmächtig. Haben keinen Einfluss auf das, was mit uns und mit euch geschieht, wir können uns und euch nicht helfen. Hofft nicht auf uns, doch vergesst uns auch nicht, denn wir sind da.

Wir sind nicht vergangen, sind nur verwandelt. Wir sind Licht und Schatten, Luft und Gras, Erde und Stein. Vermisst ihr uns, so geht in den Tag und die Nacht hinein und befühlt und beriecht und belauscht die Erde mit dem Stein und dem Gras, den Himmel mit den Wolken und dem Wind.

Wir sind auch Erinnerungen und Geschichten. Bewahrt sie rein und lernt daraus, denn sie sind da für euch und alle, die nach euch kommen werden. Tut es, ihr Ungleichen und Unzulänglichen, aber Hoffnungsvollen und Mächtigen, tut es nicht um des Todes, sondern um des Lebens willen.

Abschied. – Jurtenfeuer und Sterne flackern müde, das Fest ist verstummt, ein großer Tag ist vergangen. Wir gehen.

Es war gut, dass wir kommen durften. Wir haben gespürt, ihr seid da, setzt das Dasein fort, ihr Verwandelten.

Großvater, du bist kein Erdengott mehr, bist Gleicher unter Gleichen, Mulde neben Mulden – Stein, Luft.

Amyj, du bist keine Erdenlaus mehr, bist Gleicher unter Gleichen, Hügel neben Hügeln – Erde, Gras.

Gök-Anaj und ihr abertausend anderen, den Erdenpflichten Entrückten, ihr seid nicht mehr, was ihr zu euren Erdenzeiten gewesen seid: Reiche und Arme, Glückliche und Bekümmerte; seid nun Mulden unter Mulden, Hügel neben Hügeln – Stein, Erde, Wolke, Wind.

Wir vergeben euch die Unzulänglichkeiten und rühmen die Verdienste, denn ihr seid untrennbare Teile eines Ganzen und Heiligen, das Heimat heißt: verblühte Blumen, werdende Sterne.

Wir gehen.

Wir ziehen erneut in die Ferne. Seid nicht erstaunt. Nicht Sterne, nicht Winde – nichts ruht im großen Kreise.

Kraft gabt ihr unseren Gliedern und Kühle unserer Brust, Heimaterde, Heimatwind. Heimat, du bist nicht nur Luft, Erde und Wasser, bist alles, was in dieser Luft, Erde und in diesem Wasser wird und stirbt: Tiere und Menschen, unfertige, anfällige Menschen und ihre Werke und Wünsche, verbunden mit mancher Freud und manchem Kummer. Darum bist du so stark, dass du alles, was hier geworden und hier gewesen, ewig anziehst, und darum sind wir so stark, dass wir unsere Bahn nicht verlassen. Wir werden zurückkehren.

Ode auf den Altai

I

Hat nicht jedes Reh seine Mulde? Hat nicht jeder Ziesel seinen Bau? Der Tuwa hat den Altai.

Angesichts der Berge taugen große Worte wenig. Man sagt Altai wie andernorts Gott, Himmel oder Mutter – so viel Glauben entlockt dieser Name, so viel Trost und Hoffnung gibt er.

Altai – das sind die himmelstützenden, wolkenwehrenden Berge mit den wilden weißen Gipfeln und den welken weißen Winden, den wirren weißen Flüssen. Das sind die sturzsteilen, schwindeltiefen Schluchten mit den schwärend schwarzen Wäldern, den schroffen schwarzen Felsen, den stummen schwarzen Schatten. Das sind die dahingeworfen ruhenden Täler mit den geborgenen grünen Gründen, den glatten grünen Hügeln, den großen grünen Ebenen. Das ist das blaue Ineinanderfließen von Himmel-Wasser-Himmel: Seen. Das ist das goldene Ineinanderschwimmen von Sonne-Gras-Sonne: Steppen. Das ist das tönende Farbenspiel zwischen Himmel und Erde. Das ist der nicht versiegende Reichtum endloser Menschengeschlechter: Wald, Wild, Weide. Altai – das ist das Schicksal der Tuwa.

II

Ein Mensch wird geboren. Sein erster Schrei gibt Kunde von seiner Ankunft. Die Berge erwachen, nehmen ihn auf, halten einen Augenblick freudebenommen inne und tragen den Schrei weiter, den Wäldern, den Tälern, den Steppen zu, um wieder in Schlummer zu versinken.

Ein Mensch stirbt. Die Wehklagen der anderen künden von seinem Abgang. Die Berge erwachen, nehmen sie auf, halten einen Augenblick trauerbenommen inne und tragen die Klagen weiter, den Wäldern, den Tälern, den Steppen zu, um wieder in Schlummer zu versinken.

Zwischen Geburt und Tod hat ein Herd gestanden. Einem Blütenkelch hat er geglichen, dem acht zarte Blütenblätter entsprossen. Als die Prise Sand verronnen, fiel Wind ein und knickte die Blüte. Hilflos hingen die acht zarten Blütenblätter über dem Stängel herab.

Am erloschenen Herd steht der Vater, ein getroffener und beschädigter Pfahl, und die acht Waisen fallen über ihn her: glitschigen grauen Zieseljungen gleich, die sich vor dem heranstürzenden Hochwasser dem Großen an den Hals werfen. Die Gitterwände der erkalteten Jurte starren das Unglückshäuflein aus hundert trostlosen grauen Augen an.

III

Die Jurte der Tuwa ist kein Prachtbau, vielmehr eine Unterkunft in der Not auf Zeit. Sie ist das nützliche Miteinander von Holz und Filz: sechzig dünne Streben, Sonnenstrahlen gleich, fallen vom Dachreifen herab zum Rund der Gitterwände mit dem Türrahmen. Sieben Filze beschirmen das Jurtenvolk vor dem offenen Himmel, der Regen und Schnee, Hitze und Kälte gebiert. Die zwei Holzkisten hinten sind da für die paar Wechselkleider und Spielknöchelchen der Kinder, die paar Fangstricke und die Jagdgerätschaften des Vaters, die paar gegerbte Fälle und das Nähzeug der Mutter.

Der einzige Reichtum sind die Kinder. Sie zu beschützen und glücklich zu wissen, ist Erfüllung des Lebens. Jetzt sind sie in Not, acht graue Zieseljunge. Selbst dem großen Ziesel, dem sie sich an den Hals geworfen, wird es zu arg.

Ein Yak bekommt einen Schlag ans Horn, hundert Yaks spüren es bis ins Mark. So geschieht es auch: Das dünnhäutige Bergvolk eilt herbei mit einer Hand voll Trockenquark für die Kinder, einem Schluck Milchbranntwein für den Vater und einem Korb Brenndung für den Herd.

IV

Es war geschehen in der Frühe des Jahres, als die ersten Espenknospen aufsprangen, erwachende graue Sperlinge im Frühdämmer. Nun ist es Sommer. Die Welt wirkt weich. Es ist die Zeit der großen Regen, die Berg und Tal und allen Lebewesen Härte und Kargheit des Winters und Frühjahrs fortwaschen. Es ist die Zeit des Milchbranntweins, der Feste und der Lieder, die die Herzen nach außen kehren.

Kaum einen halben Tag allein gelassen, überfallen die Kinder den Heimkehrenden. »O Altai!«, seufzt dieser mitten in der grauen Schar, als wollte er sich bei der Berg- und Fluss- und Steppenwelt ringsum Gehör verschaffen. »Warum musste solches geschehen?«

Allein, es tut sich nichts. Alles ruht in sich, selbst das dumpf krachende und zwischendurch wieder und wieder hell zischende, sich stürmisch daherwälzende und sogleich aber forteilende Wasser, der wendigste der Urstoffe, scheint, mit einer kurzen, leisen Antwort darauf zu geizen. »Taubes, gefühlloses Pack!«, flüstert er schließlich ungehalten. Und Tränen rollen ihm über das wetterbraune Gesicht. Aber ihm wird es damit doch leichter ums Herz.

Wenig später kann er weiterreden, immer ruhiger werdend. Es ist, als wenn er die Welt, die er soeben verdammt hatte, nun in Schutz vor sich selber nehmen wollte: »Du fühlst doch mit, mein Altai! Denn wir brauchen dich in Freud und Leid. So wenig ich mein Leben gegen ein anderes eintauschen kann, so wenig will ich statt deiner einen anderen. Aber, ach, manch einer will es doch tun, will dich im Stich lassen und fort von hier ziehen. Es sind die Undankbaren. Weil irgendwo in der Fremde gemahlener Weizen gegessen wird statt getrockneten Quarks, weil das Fleisch dort aus dem Teller einer Waagschale stammt statt von der Herde am Berghang und weil man dann die Hose herunterlässt, über zwei Brettern hockend, weitere Bretter vor Augen und Ohren, statt über Stein und Gras, den Sternenhimmel um sich herum. Für solche sind deine Berge nur noch Haufen von Schotter und Schlamm, deine Flüsse nicht mehr als abfließendes Wasser, das Durst stillt und Schmutz löst, deine Wälder nur noch Holz zum Schlagen und Feuern, deine Steppe eine staubige Ödnis mit beschwerlichen Wegen ...«

Aber ach, auch er gedenkt zu gehen! Er, mit den acht Waisenkindern allein gelassen. Nur ist er nicht wie jene, die in fremde Wiegen steigen, weil sie sich dort mehr erhoffen. Wenn er dich einmal mit einem unsanften Wort bedacht hat, dann nur aus erschüttertem Glauben. Da er dich überschätzt hat, hadert er nun. Als wärst du im Stande gewesen, das Unheil von ihm abzuwenden. Vor Schmerz unfähig, deine Gegenwart zu spüren, der du ihn in den Armen hältst, seit der atmet, glaubt er nun, du versagtest ihm die Teilnahme an seinem Geschick. Nur darum will er dich verlassen, und da er nach strengen Bergsitten zum Manne erzogen, es länger nicht ertragen kann, an den Herd gefesselt, auf anderer Mitleid angewiesen, von nachbarlichen Gaben sein Leben fristen zu müssen.

V

Der Herbst befällt die Welt. Er fällt mit Laubregen, Nachttau und dem Röhren der Hirsche, dringt in alle Falten und Spalten der Erde und des Lebens. Er raschelt und tuschelt wie eine verlorene Seele und schleicht Hauch um Hauch in das verlorene Herz des Bruders.

Ehe der Steinadler seinen Horst verlässt, nimmt er ein letztes Mal Höhe, kreist mal in jagender Hast, mal in wiegender Ruhe über dem vertrauten Gipfel, lässt sich dann erschöpft nieder und hockt so lange auf einem Fleck, als könnte er sich nicht mehr von dem abschiedsschweren Felsen lösen. Doch irgendwann spannt er plötzlich die Flügel, gewinnt augenblicklich an Höhe und entschwindet, ein davongeschleuderter seelenheller Stein.

Der Mensch dringt zum bunten Gipfel hinauf. Abschiedsgedanken liegen ihm wie Steine im Magen. Er reitet ziellos und lässt dem Pferd freien Lauf, hält plötzlich an, springt ab und geht ein Stück, bleibt stehen, setzt sich nieder, kaut an einem welken Grashalm, riecht an der Erde, befühlt die Steine. Bei Sonnenuntergang kommt er zum Odag, dem Jägerlager. Drei ausgeruhte Wallache stehen am Quellbach, drei sonnengebräunte Burschen kauern am Feuer. Die Pferde begrüßen einander mit Brummeln, die Burschen entbieten sich den Gruß der Jäger: »Habt ihr reiche Beute gemacht, Bruder?«

»Ich habe viel. Habt ihr reiche Beute, ihr Jungens?«, erwidert der Ankömmling.

Im Jägerkessel brodelt duftfrisches Murmeltierfleisch. Unter dem Lager, über der windgeschützten Seitenschlucht, hängen die Rauchfetzen, niedrige, zittrige blaue Schwaden.

O Altai, mein mächtiger, ewiger Urahn! Ist es deine Schuld, dass der Tod diesem Mann die Frau und seinen Kindern die Mutter entrissen hat?

Der Nachthimmel wacht wie ein großes, fragendes, schwarzes Auge kühl und klar. Grünlich und schweigsam blinken die Sterne. Der abnehmende Mond ist plötzlich da und wirft seinen matten Schein auf das Lager. Tau glänzt schon im Gras.

Am Horizont hinter Steppen und Hügeln wetterleuchtet es. Tief in der Schlucht heult lang gezogen ein Wolf, und es dauert eine ganze Weile bis vom Berg herüber das Antwortgeheule kommt. Die Pferde am Quellbach spitzen die Ohren und schnauben. Aus großen dunklen Holzschalen schlürfen die Männer heiße Murmeltierbrühe. Die Knochen liegen um die Feuerstelle verstreut, und den Fleischbrocken auf der großen Steinplatte neben dem Herd entweicht schwacher Dampf und steigt langsam in die Nachtkühle.

»Das Vieh ist schon weg, nur die Jurte ist noch da. Es gibt Leute, die auch sie haben wollen.« Der Mann redet mit leiser, brüchiger Stimme und stiert in das erlöschende Feuer. Einmal hebt er kurz den Blick zum fernen Horizont hinter den sieben Steppen, von wo ein Wetterleuchten herüberzuckt. Die Jäger hören schweigend zu und schlürfen eillos ihre Brühe.

»Weiß es nicht recht«, fährt der Mann fort. Er verfolgt die schwache blaue Flamme, die am Rest eines halben Pferdeapfels noch klebt und flackert. Gleich hinter dem großen Felsen, der sich wie ein sorgender Beschützer gegen den schneidenden gelben Westwind aufgetürmt hat, heult der Wolf erneut, nun um einiges lauter. Schnell antworten darauf andere Wölfe. Die Pferde, straff gefesselt, trappeln mühsam auf den Hufspitzen herbei und schnauben aufgeregt, die Augen im Mondschein voll Todesangst. Einer der Jäger langt im Sitzen nach seinem Gewehr, doch der neben ihm winkt gelassen ab: »Lass sie nur heulen.«

Die letzte schwache blaue Flamme an dem halben Pferdeapfel nimmt jetzt die Gestalt eines Blattes an, leuchtet auf, flackert und erlischt. Da spricht der Mann, und seine Stimme verrät Trotz: »Was die anderen auch tun mögen, ich bleibe!« Dabei glaubt er zu sehen, wie der winzige Rauchfaden, in welchen das Flämmchen aufgeht, seinen Weg zu den Schwaden niedriger blauer Wolken unter dem klaren hohen Nachthimmel nimmt, die noch immer über der windgeschützten Seitenschlucht hängen müssten.

Vom Horizont her wetterleuchtet es an drei Stellen gleichzeitig. Aber das Aufflackern ist im Mondlicht nur schwach, sodass man es nur bemerkt, wenn man damit gerechnet und darauf gelauert hat.

VI

O Altai! Du bist unser Nährboden, unsere Festung, bist unser Gefährte in Freud und Leid, Ruhestätte in Leben und Tod.

Wie viele Menschen ruhen in dir? Wie viele Wünsche, Freuden, Tränen, wie viel Liebe und Willenskraft, und wie viele Vermächtnisse? Sind wir nicht verloren ohne dich? Und du ohne uns, denn wer kann dich so ehren und lieben wie wir? Wer weiß so gut wie wir um die Freuden und Leiden, um die Vermächtnisse, die du bewirkst.

Die Not mag den Ziesel aus seinem Bau vertreiben und den Steinadler aus seinem Horst – wir aber dürfen dich nicht verlassen.

Galsan Tschinag

Galsan Tschinag, eigentlich Irgit Schynykbaj-oglu Dshurukawaa, kommt 1943 im Altai-Gebirge in der Westmongolei zur Welt. Seine Geburts- und Wohnstätte ist eine Jurte und seine erste Lehrerin eine Schamanin. Es sind die Gesänge und Epen seines Volkes und die Natur der Bergsteppe, die ihn prägen.

Nach Abschluss der Zehnklassenschule schlägt er ein Angebot, in Moskau zu studieren, aus und gerät 1962 nach Leipzig, wo er Deutsch lernt und und Germanistik studiert. Seitdem schreibt er unter anderem auf Deutsch; Erwin Strittmatter wird neben der Schamanin, die seine Sinne für die Dichtung und den Gesang schärft, zu seinem wichtigsten Lehrmeister.

1968 kehrt er in die Mongolei zurück und lehrt an der Universität in Ulaanbaatar Deutsch, bis er 1976 wegen »politischer Unzuverlässigkeit« mit einem Berufsverbot belegt wird. In den folgenden Jahren lebt er als Übersetzer und Journalist. 1981 erscheint in Ostberlin sein Erstlingsbuch, *Eine tuwinische Geschichte und andere Erzählungen,* in deutscher Sprache. 1991 wird die Titelgeschichte in der Mongolei verfilmt. Es entstehen in dichter Folge Erzählungen, Romane und Lyrikbände, vor allem in deutscher Sprache. 1992 erhält er den Adelbert-von-Chamisso-Preis, 1995 den Puchheimer Leserpreis und 2001 den Heimito-von-Doderer-Preis. 2002 wird ihm das Bundesverdienstkreuz verliehen. Seine Werke werden in über ein Dutzend Sprachen übersetzt.

1995 erfüllt sich Galsan Tschinag einen Traum: Über zweitausend Kilometer führt er die Tuwa-Nomaden, die in den Sechzigerjahren zum Teil zwangsumgesiedelt wurden, in die angestammte Heimat im Hohen Altai zurück.

Heute bemüht er sich um die Verwirklichung verschiedener kultureller und wirtschaftlicher Projekte, um dem Nomadentum das Überleben zu sichern.

Der Verein »Freunde des Altai e. V.«

»Dsud« nennen die Mongolen verheerende Naturkatastrophen, die während eines Menschenalters höchstens zwei-, dreimal vorkommen. Nun erleben die Hirtennomaden in den Jahren 2000 und 2001 hintereinander zwei Kältewinter. Millionen Tiere sind bereits verendet, die Nomaden sind in ihrer Existenz bedroht. Der Wechsel von der Planwirtschaft zur freien Marktwirtschaft hat zudem im letzten Jahrzent zu einem abrupten Wandel geführt. Der Verlust der traditionellen Strukturen zeichnet sich ab.

In dieser Situation hat eine Gruppe von Persönlichkeiten, darunter der Autor Galsan Tschinag und die Ethnologin Amélie Schenk, den Verein »Freunde des Altai e. V.« ins Leben gerufen.

Vorerst geht es darum, tatkräftig den Nomaden beizustehen, die um die Rettung ihrer Herden kämpfen. Der nächste Schritt ist, sich gemeinsam gegen die immer wiederkehrenden Naturkatastrophen zu rüsten. Und schließlich geht es um den Erhalt eines großen Lebensraumes und der Nomadenkultur – und um eine Brücke zwischen Ost und West, die Verständnis für die jeweils andere Lebensform wecken soll. Ein Begegnungszentrum in der Westmongolei ist im Aufbau, ebenso eine Lehr- und Lernstätte zur Wissensvermittlung und Weiterbildung. Ein Umschlagplatz für nomadische Handwerkserzeugnisse ist vorgesehen.

Der Verein ist für jegliche Unterstützung dankbar und hofft auf recht viele begeisterungsfähige Mitglieder.

Informationen durch:
Freunde des Altai e. V. (www.freunde-des-altai.org)
Postfach 10 18 09, D - 28018 Bremen
Tel. +49 (0)421-223 888 0, Fax +49 (0)421-223 888 3
Deutsche Bank, Konto: 53 40 40, BLZ 690 700 24